后浪出版公司

恶俗

或现代文明的种种愚蠢

（修订第2版）

（美）保罗·福塞尔 著
何纵 译
石涛 荣誉策划

BAD,

or the Dumbing of America

世界图书出版公司
北京·广州·上海·西安

谨以此书纪念

康涅狄格学院已故教授汉密尔顿·马丁·斯迈泽。他总爱回忆一位哈佛大学的教授，这位教授经常摇着头喃喃自语：“糟糕，拙劣，简直是恶俗。”

目 录
CONTENTS

尽管不时会努力掩饰其羞耻心，还装腔作势，电视大体说来仍是贫民媒体。电视最善于推销假牙清洁剂、啤酒、通便剂、汽车和洗涤用品，一旦涉及书籍、思想、历史意义，以及文明对话中所有的复杂性、精妙性和讽刺性，电视就会死得很惨。

回顾人类欺骗自我、渴望奇迹的全部历史，辛普森总结道："人类是所有动物中最会发明、最会欺骗，也最容易上当受骗的一种动物。"所以，艺术和宗教都是人类特有的发明。

序

中国不是世界。但中国是世界的一个部分。这一部分里发生的一切，虽然或多或少有一些神秘难解的色彩，但毕竟与世界的其他部分开始有了越来越多的关系。《格调》一书在 1999 年的热销，说明这种关系的日趋明显和深入。

翻译《格调》时，曾有一个想写的题目，后来因为没有时间便放下了。尽管放下了，却一直感到它还在心里的某个地方，及至后来读到福塞尔的《恶俗》，才领悟到这个题目已经被人谈过了，虽然谈的是美国。

无疑，这是一个到处充斥着恶俗的时代。与美国相比，中国的恶俗绝不在任何异邦之下。福塞尔抨击的美国恶俗现象，找到中国式的翻版已经不像十年前那么困难了。原因并不复杂，一个古老的国家几乎与一个新兴的国家一样，在激烈的变革之后都失去了传统，在没有传统规范可循的时代里，一切人类天性中未经磨炼的欲望便会沿着粗俗突兀的路径生长。其结果，必然是随处可见的恶俗事物。

那么，恶俗是指什么呢？按照福塞尔的定义，恶俗就是将本来糟糕的东西装扮成优雅、精致、富于品味、有价值和符合时尚。一件本来拙劣的事物，并不会引起人们过多的注意，因为在人类生活中美好的东西并不多见，人们已经习惯于艰辛的生存条件和缺乏善意的环境了。但是恶俗，却会持续地引起人们的注意，因为它过于造作、矫饰、突兀、不知羞耻和妄自尊大，它背叛所有人类历史中一点一点积累起来的智慧和直觉。

我曾经在另外一处地方写道："有些时代比另外一些时代渺小。但这个时代的渺小和无知，令我感到震惊。"几年过去之后的今天，这种情形不但没有改善，反而更加剧了。最突出的一个例子就是（可能与我的关注点有关），影视恶俗在中国的泛滥，几乎所有福塞尔在本书中批判的美国影视恶俗现象，都能在中国找到对应。

因此，我并不想讳言，本书在中国的出版，实在可以作为一面镜子照出我们的明天。理论上讲，商业时代并不必然带来种种仅以金钱为驱动力的单一的恶俗场景。这一场景的出现有更深刻的历史和现实原因。自尊、风范、敏锐、智慧这些人类固有的品质，必须在一个更为开放的环境里才能呈现出来。当保罗·福塞尔在本书结尾处用唯一的段落赞颂希望时，他并没有放弃争取美好的权利。同样，当我们从本书描绘的现象里看到我们自己生活中的鄙俗时，实际上是获得了一次摆脱困境的机会。恶俗现象并不可怕，可怕的是我们俯首听命于恶俗的摆布，不再追求有意义有价值的生活。

我以为，在大家吵吵嚷嚷地争论生活品味和社会等级问题，到已经有些倒人胃口的时候，在一个扑朔迷离的新世纪来临之际，在《格调》出版一年之后的今天，《恶俗》能够与中国读者见面实在是一件幸事。因为，它也许可以像一剂苦涩的良药一样，让人们迷乱惶惑的心情安静下来，独自想一想我们应该如何过今后的生活。

石 涛

1999 年冬于北京

十二年前出版《恶俗》一书，是为了让国人警醒恶俗对中国社会的侵袭。然而恶俗的潮水终究无法阻挡，并且以极具中国特色的方式彻底充斥了我们生活的所有方面。这样一种悲哀，即使是对美国的恶俗无比敏感的福塞尔先生，也难以想象了。

石 涛

2012 年 8 月

1. 何为恶俗?

真正恶俗的事物必然会显示出刻意虚饰、矫揉造作或欺骗性。不新鲜的食物是糟糕的，若餐馆刻意奉上不新鲜的食物，还要赋以“美食”之名，那就是恶俗了。

何为恶俗?

糟糕（bad）与恶俗（BAD）之间有什么区别呢？糟糕就像人行道上的一坨狗屎，一次留级，或一例猩红热病，总之，是某种没有人会说好的东西。恶俗不一样。恶俗是虚假、粗陋、毫无智慧、没有才气、空洞且令人厌恶的东西，但不少美国人竟会被说服，相信它们是纯正、高雅、明智或迷人的。劳伦斯·威尔克[①]是个低级的例子，乔治·布什则是个高级的例子。一样真正恶俗的事物，必然会显示出刻意虚饰、矫揉造作或欺骗性。割破手指的浴室水龙头手柄是糟糕的，一旦镀上金，它们就变成恶俗了。不新鲜的食物是糟糕的，若餐馆刻意奉上不新鲜的食物，还要赋以**“美食”**之名，那就是恶俗了。在一个充斥着空虚和垃圾，并且这些空虚和垃圾还被闹哄哄地标出高价的时代，对糟糕与恶俗之分保持警觉，

[①] Lawrence Welk（1903—1992），美国音乐家、手风琴师、乐队指挥、电视节目主持人，以“香槟音乐”风格闻名。——编者注

是活在当下的一大乐趣。50 岁生日那天，在一首献给自己的题为《自我颂》（*Ode to Me*）的诗中，金斯利·艾米斯[①] 对于自己的人生至少有一大半在当代恶俗大爆炸之前度过，多少感到一丝欣慰：

> ……
>
> 你真是交上好运啦，伙计
>
> 你没有生得太迟，
>
> 在不可改变的恶俗
>
> 弥漫这片土地之前，
>
> 你至少还有机会得到幸福

当然，他说的是英国。凭借以往的古老荣耀，那时的英国还未完全被恶俗所迷惑。伟大的恶俗本质上就很美国，想究其原因，一路读下去你就会明白。但也有一点值得安慰，艾米斯在《幸运的吉姆》（*Lucky Jim*）中指出了这一点：“如果一个环境中充斥着你认为糟糕的人和事，应对这种环境必不可少的一个办法是找到证明那些东西的确糟糕的新途径。”希望本书能启发读者找到这样的一些新途径。

本书并不只关注恶俗，本书还将讨论我们在美国见到的无数可怕事物，即便这些事物不因为刻意修饰而令人生厌，也会因为平庸、愚蠢和幼稚而令人作呕。这个国家最令人震惊的

[①] Kingsley Amis（1922—1995），英国小说家、诗人。——编者注

一个现象就是“表现”的万能。一个明显糟糕的事物不会糟糕得太久，因为很快就会有人对其大加赞赏，并将它升级为恶俗，之后人人就都对其推崇备至了。在依靠自身品味和直觉判断事物方面，美国人民似乎很缺乏安全感，很胆小，以致他们总是欢迎随便哪个狗屁权威钻出来告诉他们“什么是好的”（即“什么是恶俗的”），并鼓励他们热情拥抱它。所以我会讨论目前还只是糟糕的事物，它们也值得注意，因为它们是恶俗成品的原料。

明显的糟糕从来就没有离开过我们，它们跟手工艺一样历史悠久。古罗马肯定有一个工匠制造过糟糕的战车车轮，也肯定有一个酒商卖过劣质酒。往面包粉里掺锯木屑也是由来已久的做法，但只有在你坚持掺了假的面包比其他面包**更好**时，才会变成恶俗。恶俗是商业欺诈时代特有的现象，当然，也是民众身上一种容易轻信的特质。要洞悉真正的恶俗，你就必须在人们对一件事情的说法与其真相之间保持尽可能大的距离，明智、公正、谦虚的人们对此深有体会。早在 1725 年左右，在最早的报纸开始刊登广告时，人们就已经能看到一些恶俗的事物了。到 19 世纪，尤其在美国，恶俗获得了突飞猛进的发展，如同《哈克贝利 · 费恩历险记》各章所证实的那样。书中，毕奇华特“公爵”的老式手提包里总装着数不清的宣传单，这些宣传单的职责就是要将糟糕转变为恶俗。比如，一份宣传单上写着“来自巴黎的、著名的阿蒙德 · 德 · 蒙塔班博士将就颅相学发表演讲”，另一份宣传单又称这个人为“世界著名的莎士比亚悲剧演员，来自伦敦特鲁里街[①]的小加里克[②]”。但“公爵”和“国王”真正的胜利，是他们为《无与伦比的王室贵族》制作的海报，海报宣称此剧只在法院大厅演“三个晚上”，“**女士和儿童不准入场**”。如果你原本指望借一出“悲剧”来净化心中的遗憾与恐惧，却在舞台上看到一位上了年纪的“荡妇”，浑身涂满艳丽的色彩，光着屁股欢腾跳跃，那你就算亲临19世纪恶俗“公开诈骗部”的首次出场了。

要见识纯正而深刻的恶俗，你非得到20世纪不可，尤其是第二次世界大战之后。越南战争时期就是一个极好的例子。那时，不论以何种方式，某种糟糕的东西总能在很长一段时间内被弄得看上去可以接受，直到人们看到林登·约翰逊和威廉·威斯特摩兰[③]为越南战争做宣传，才开始发现那种糟糕的东西原来是真正的恶俗。同时，音乐评论家维吉尔·汤姆森[④]察觉到交响乐和歌剧“花钱买名声”的行为是如此地狡猾和普遍，以致粗糙的，有时甚至很轻蔑的批评已成为“唯一的解毒剂”了（如他所言）。即便如此，也很少有报纸乐意刊登苛刻的评论。正如刘易斯·H·拉帕姆[⑤]观察到的，这

[①] Drury Lane，伦敦最古老的剧院——皇家剧院所在地，一些历史上著名的莎剧演员曾在此演出。——编者注

[②] David Garrick（1717—1779），英国著名演员、剧作家、戏剧导演，演出了大量的莎士比亚戏剧，并举办了最早的几次莎士比亚节。他曾在特鲁里街皇家剧院表演，并担任剧院的导演。——编者注

[③] Lyndon Johnson（1908—1973），William Westmoreland（1914—2005），分别为越南战争期间的美国总统和驻越美军总司令。——编者注

[④] Virgil Thomson（1896—1989），美国作曲家、音乐评论家。——编者注

[⑤] Lewis H. Lapham（1935—），美国作家、公共知识分子，曾长期担任《哈波斯杂志》主编，2007年创办《拉帕姆季刊》。——编者注

是因为当时的报纸主要致力于不加区别地和盘端出成堆的乐观主义与自满，竭力维护“一种神话，比如我们的社会重视宝贵的东西，民众可以放心……一切都很好……银行很安全，我们的将军举世无敌，我们的总统热衷于公众福利，我们的艺术家能创造杰作，我们的武器战无不胜，我们的民主制度是这个可敬的世界中的奇迹。”

恶俗，就是以上所说的一切。因此，从本质上说，本书讨论的是推动现代生活的宣传大业。这一大业似乎表明，在当下，如果没有自私心理从根源上激励，很少有人能独立评估事物的价值。这就意味着，除非用夸张的语言拔高，再披上一袭华美的欺诈外衣，否则没有任何事物能繁荣。如果从某些方面看，这一话题揭示了可悲的事实——所有心怀善意的人们都被他们自身容易轻信的特质所欺骗，那从另一个角度看，它也为大家提供了闹剧的所有乐趣。恶俗总是推陈出新，并不停复制着“傻瓜被无赖愚弄”这一经典的滑稽主题。只是很遗憾，此刻没有本·琼森[①]在一旁揭露，甚至连一个 H．L．门肯[②]也找不到。

[①] Ben Jonson（1572？—1637），英格兰文艺复兴时期的剧作家、诗人和演员，其作品以讽刺见长。——编者注

[②] H. L. Mencken（1880—1956），美国记者、散文家、杂志编辑、讽刺作家、尖刻的文化评论家。——编者注

2. 恶俗的日常事物

无论食品上的糖衣，还是信仰、酒店、想法、餐馆、电视上的“糖衣”，都与恶俗的本质很接近。的确，T．S．艾略特说过：“人类无法承受太多的真实”，而美国人对真实的承受能力还要再减半。

恶俗城市

某些城市为了避免破产，需要通过夸张的宣传来诱惑旅游者，此类做法使那些过去只是糟糕的城市沦为了令人印象深刻的恶俗典范。华盛顿特区过去往往通过强调它的纪念馆和政治色彩来吸引挥金如土的人，现在，它觉得有必要把自己打扮成一处富有品味和教养的地方，尽管这个城市几乎没有什么剧院，只有少量的音乐会和一份充斥着占星术和笑话的二流报纸[①]（见“恶俗报纸”），而且根本没有文学生活。它似乎坚信，所有那些大使馆的存在，赋予了它一种令人兴奋的国际风情。但它不希望我们知道，全世界大使馆和领事馆的占据者都是非常乏味的人，他们就是在各国军队校级军官中能找到的那类家伙，津津乐道于服从文化的安全性，完全缺乏原创性、智慧和魅力。

要明确指出在恶俗竞赛中遥遥领先的美国城市，可不是一

---

① 指《华盛顿邮报》。——译者注

件容易的事，参赛者实在太多了。大西洋城和拉斯维加斯一定榜上有名，尽管与其他一些城市相比，它们还不算太糟。更糟的还有一大把，比如佛罗里达州的迈阿密海滩市、迈阿密市（一个全国闻名的暴力犯罪城市）和坦帕，新泽西州的卡姆登，南达科他州的皮耶，阿拉斯加州的朱诺，加州的尤巴城，阿肯色州的松树断崖市，佐治亚州的奥尔巴尼，阿拉巴马州的加兹登，马萨诸塞州的菲奇堡，俄克拉荷马州的劳顿，佛罗里达州的兰塔纳（《国民探秘者》的老家），以及密西西比州的帕斯卡古拉。这些地方当然很糟糕，但它们并不装模作样，因此在恶俗阶梯中只是垫底者，只让人觉得可悲。比如西弗吉尼亚的一些地方，提供服务的女招待牙齿都快掉光了，还在向你兜售小煤块制成的首饰。

南卡罗来纳州很少有城市能鼓舞人，所以该州年轻人的SAT考试[①]分数居全国之末。在学术水准上，该州与阿肯色州不相上下，因为阿肯色州的教师工资水平居全国最低；如果你珍视自己的生命，最好不要光顾怀俄明州的任何城市，因为那儿的枪支无论公开还是隐蔽，都不受任何管制；也别在得克萨斯州的敖德萨生病，那儿的医疗设备很少，并且都老掉牙了，如果不幸病倒了，那你只能步行去医院，因为那儿没有公共交通工具，尽管它的人口超过十万；同样，如果你住在佐治亚州的雅典城或雅典城附近，或伊利诺伊州的布卢明顿，或北卡罗来纳州的杰克逊维尔，以及其他28个说得出名字的城市，你都别指望能吃到美味的食品。根据《美孚旅游指南》的记载，

① 美国高中生进入大学的标准入学考试，是美国大学录取学生的主要依据。——译者注

那些地方及其附近都没有像样的餐馆。很难想象，一个文明人能在摩门教的心脏地带——盐湖城做些什么。如果你发现自己真的在那儿，千万忍着别找酒喝，除非你已准备好要锻炼自己非凡的诡诈和机警[1]。

正如电影《罗杰和我》（*Roger and Me*）所揭示的那样，密歇根州弗林特市的公共服务相当糟糕。弗林特市通过焚烧《金钱》杂志（*Money*）等举动——该杂志曾指称弗林特是全美最差劲的地方，试图扭转其不好的名声。虽然这类举动根本没有改善这座城市的形象，但至少将它推向了恶俗。旅行作家们———一群玩世不恭但有见地的人，虽然已经习惯于为换取免费的住宿、食物和酒水而炮制虚情假意的吹捧之辞，但他们同所有人一样了解美国哪些城市糟糕、哪些城市恶俗。他们为不得不粉饰恶俗城市的同行们取了一个名字：粪坑专家（shithole specialist），指的是那些不仅歌颂大西洋城和拉斯维加斯，也歌颂艾波卡特中心[2]的作家们，他们还可以接受委托，狂热歌颂机场和令人咋舌的多车道新高速公路。

有些城市还配不上恶俗的称号，因为它们没能成功吸引数量稳定的、富有而空虚的乌合之众，就像辛纳屈[3]、卡罗尔·钱

---

[1] 摩门教教义不允许喝酒。——译者注

[2] Epcot Center，坐落于美国佛罗里达州华特迪士尼世界度假区，是该度假区的第二座主题乐园，以科技创新、未来和世界各国文化为主题。1982年10月1日开幕，1993年改名为艾波卡特，是1998年迪士尼动物王国开幕前世界上面积最大的迪士尼主题乐园。——编者注

[3] Frank Sinatra（1915—1998），20世纪美国娱乐界巨头，集歌手、演员、电台和电视节目主持人、唱片公司老板等多重身份于一身。——编者注

宁[1]之流吸引他们那些低俗的崇拜者一样。不论大西洋城或拉斯维加斯是否是与东方的曼谷齐名的最大最好的妓院，它们是否恶俗这一点仍未有定论。但从其他方面看，拉斯维加斯可能更胜一筹。不论有多糟糕，还有哪个城市能像拉斯维加斯一样，拥有“珍藏”世界最大莱茵石[2]的黎伯拉奇博物馆[3]呢？

---

[1] Carol Channing（1921—），20世纪美国影歌双栖女明星，早年是舞台、夜总会、电视等娱乐节目的表演者。——编者注

[2] 俗称水钻，主要成分是水晶玻璃，是一种假钻石。——编者注

[3] Liberace Museum，收藏着美国著名钢琴家、歌手黎伯拉奇（1919—1987）穿戴过的皮草服饰、华丽首饰，和他收藏的许多钢琴。拉斯维加斯是黎伯拉奇主要的表演城市。——编者注

恶俗餐馆

不同餐馆等级各异，从高到低，可以分为好的、糟糕的和恶俗的。一旦到达恶俗的顶端，**餐馆**和**假货**就完全是同义词了。芭芭拉 · 艾伦莱彻[①]说："在城里过夜，过去往往意味着吃顿晚餐，再看一场表演，如今却意味着一顿作秀般的晚餐。"

如果你很机警，而且事先没有喝太多的酒，在走进恶俗场所前，你一般就能发现恶俗的信号。到处都出现的**"美食家"**一词是个可靠的恶俗信号，即便写着**"欧式小餐馆"**，也不完全安全。另一个信号是餐馆前面或附近停放的汽车种类。如评论家霍莉·摩尔(Holly Moore)观察到的那样,停着许多"好车"（即昂贵的车）就是恶俗的标志之一。要是停着一大堆 10 年前出厂的旧雪佛兰或萨博车，甚至几辆小货车，就表明餐馆的

[①] Barbara Ehrenreich（1941—），美国专栏作家、记者、社会评论家、畅销书作者，著有《堕落的恐惧——中产阶级的内心生活》（*Fear of Falling:The Inner Life of the Middle Class*）等书。——编者注

食物也许还行。如果附近看不到什么车，却有一些没剃胡子的粗俗年轻人在餐馆前晃来晃去，并不时摸摸自己的裤裆，就表明那是一家提供代客泊车服务的恶俗餐馆。他们提供代客泊车服务，是为了满足那些傲慢自大、利己主义的人。如果这些人必须自己停车，然后往回走两个街区去餐馆吃饭，他们就会觉得自尊受辱。事实上，代客泊车服务不像餐馆说的那样，是“为了方便客人”，更像是为了方便餐馆——方便餐馆揩客人的油水。提供这项服务的目的是让你感到自己很重要（尤其在你的客人面前），并诱惑你走进餐馆大吃一顿，然后像个大富翁一样给侍者小费，而这么做又会引诱你在取回你的车时（要等很久）付给那些肮脏的小伙子一大笔小费。

各类事物都变得如此恶俗，以致代客泊车服务已成为这个时代的一个重要标志。这项服务特别吸引那些爱炫耀并且没有安全感的人。那些人喜欢想象自己身上带着一种贵族的光环，以为除非自己一直能享受到这样的“服务”，否则就有失去社会地位的危险。他们没有意识到，今天的大部分“服务”（酒店客房服务就是一个最好的例子）都是一种给人造成不便、令人讨厌的东西，是对个人自由和尊严的明显约束。刘易斯·H·拉帕姆偶然见到洛杉矶一家公司做的代客泊车服务手册，册子的内容体现了整个美国社会令人尴尬的现状。我们可以在册子上看到，代客泊车服务如今是“一种基本的停车服务”，不仅餐馆有，家庭晚会也有。“代客泊车不再是家庭晚会的奢侈服务，它已成为大家期待和欢迎的服务，它奠定了各种晚会的基调——当美好的夜晚结束，客人们被一一送走时，他们享受到的代客泊车服务能使他们感到自己很特殊、很有教养。”敏锐的读者应该能从以上论调推断出美国人无比恶俗的趋向——他们会花钱买尊重，而不是靠自己的行为赢得尊重。

了解了上面这些，你决定自己停车，同时疑惑地注意到餐馆外面没人发菜单（发菜单是恶俗的又一标志）。这回你决定碰碰运气，便走了进去。这样，你就会迎面碰上更多的恶俗信号，比如一块“请衣着得体”的提示牌（见“恶俗标识”）和一个很好地集谄媚与轻蔑于一身的领班（即恶俗餐馆里的领座员）。他会将你领到一张桌子旁边，拉开椅子让你坐下。倘若这家餐馆极其恶俗，这位领班还会从桌上拿起餐巾（一半成分是涤纶），极尽卖弄地抖开，铺在你的膝盖上，让你以为这是只提供给你的特殊“服务”。

下一个恶俗信号是菜单。如果菜单很大、很沉、带有人造革封面和流苏装饰，你就要小心被骗了。真正让人感觉良好的餐馆，酒单会提前摆到桌子上，餐具和酒杯也一样。恶俗餐馆就不是这样，这些东西要等侍酒生——餐馆中毫无存在必要的恶俗雇员，到最后才炫耀般地拿给你。如果到这个时候酒单才被“奉送”上来，你就可以注意到恶俗餐馆喜欢省略葡萄酒的年份和酒商的名字，他们以为没有哪个顾客会知道或在意这些事情。于是，在一片含糊其辞和装模作样（“请衣着得体”）的气氛中，抬高价格就可以在不被注意的情况下蒙混过去了。反正这家餐馆知道，在有这么多恶俗信号的情况下还会走进来的人，不是傲慢自大的势利眼，就是笨蛋。他们极端无知，极端没有安全感，所以不会抱怨任何事情。对那些仍怀有一线希望的人来说，一旦红酒用篮子装着放到桌上，一切就太晚了，你不得不束手就擒。

判断恶俗菜单的一条普遍原则是内容越多越恶俗，这却恰好迎合了美国人的神圣信条：三流餐馆的大把“选择”优于一流餐馆的有限选择。除了菜单上跟就餐毫不相干的庞杂内容，菜单用词也是恶俗的主要表现。菜单就像餐馆的其他地方一样，会用隐喻和华丽的形容词来糊弄、欺骗顾客，也会用新奇的措辞来追求新潮，他们以为新潮是一件好事情。菜单上的一些菜可能会令顾客认为它们是“时尚”、“精品”的一部分，由厨房里某个大师“**设计**”或“**炮制**”而成。最后，在漫长的菜单的尽头，你将读到“我们的甜点将由您的侍者为您一一**展示**”。即便某种甜点被列在菜单上，也绝不只是简单地罗列，而是用对恶俗广告撰写人而言十分亲切的措辞歌颂出来：

在Anglais奶油制成的金色池塘上，漂着一个深色的宝箱，内装块状白巧克力慕斯和用新鲜水果做的珠宝，池塘上还零星点缀着碎榛子仁和鲜红的覆盆子。

（在恶俗餐馆里，肯定没有哪个食客敢冒着丢脸的风险问“**Anglais 奶油**是什么”，或冒着被毒打的风险告诉餐馆领班“Anglais 是对 Anglaise[①]的文盲式恶俗说法。”）

正如以上的例子所表明的，这类菜单想当然地以为顾客都

---

① 原文为 Crème Anglaise，指的是英格兰奶油，菜单上错误地写成了 Crème Anglais。——编者注

是十足的白痴，因为恶俗是不可能在知识或勇气面前趾高气扬的。最著名的经典菜肴都是餐馆为恶俗的食客精心准备的（这个游戏需要双方一起玩），于是各式各样招揽生意的修饰词和名词就都被用上了，这类词同样适用于恶俗的抒情诗和广告。我从一份菜单上摘录了一些词，比如“**雅致的**”、“**精美的**”、“**奶油般柔滑的**”、“**芳香的**”、“**艺术的**”、“**芬芳的**”，还有“三只煮好的粉红色对虾愉快地舞动着，穿过甜柠檬汁做的清淡调味汁”。这类恶俗的语言极其巧妙地欺骗了毫无想象力、无知和轻信的人。事实上，这类菜肴是那些精明狡诈、毫无才华和信誉的厨子们无须刻意准备就能大量制造的东西。日益风行的做法是：餐馆从某个便利的餐厅食品供应商那儿大量采购完全加工好的冷冻主菜，然后由某个戴着花哨的**无边厨师帽**（见“恶俗物品”）的人用厨房的微波炉迅速热好。这个人与其说是厨师，不如说是一个机械工。这类餐馆的虚伪之处在于，他们在这么做的同时，还要让顾客以为这些菜是厨师们在餐厅后面真诚友好的厨房里充满爱心地做出来的。恶俗餐馆的菜单内容很大程度上取决于哪些食物便于冷冻，比如去头龙虾和胡萝卜蛋糕，而不看哪些食物比较好吃。即便对自己的政治地位和社会地位自以为是的餐馆、少数族群餐馆，以及其他类型的餐馆，做法也一样，只要有人需要，他们甚至可以提供盲文菜单。

与熟练的、手法敏捷的骗子给毫无防备的人塞名片的做法如出一辙，一个老道的菜单设计者也能通过设计、布局和排印等视觉艺术手段塞给天真的顾客一道特定的菜（通常是原料廉价、制作简单但利润很高的菜）。只要就餐馆里最令人讨厌的菜写上一大堆字，他们就能创造这道菜的畅销奇迹。许多餐馆私底下承认，他们能引导不幸的顾客选择菜单上的第一道或最后一道主菜，这两个位置放的往往是他们处理的东西。考虑到劳动力成本，有经验的餐馆经理发现，除非提高菜价，否则精细的摆盘很不划算。最近，一位经理解释了把烤羊排从菜单上砍掉的原因。这道菜仍然很受欢迎，但他发现摆盘的人摆这道菜得花“一分多钟”。

悲惨的是，只有当你在餐馆中坐下来，决定在那儿就餐之后，你才会发现恶俗的信号俯拾皆是，比如现场烹调、在菜肴上浇酒点火、火焰冰淇淋，等等。最近有一段并非讥讽的文字出现在一份恶俗报纸的餐馆版块上：

曾几何时，现场烹调是酒店和餐馆的领班、总管甚至侍者的专有艺术。今天，我们却越来越难找到这种特色餐馆了。

这些字应该出现在“谢天谢地”版块，而不是餐馆版块。正如运动员上场比赛前应该在更衣室更衣，女演员应该在舞台幕布后化妆一样，做菜也应该在厨房进行。垃圾食品和外卖食品都好过满餐厅令人眼花缭乱的恶俗火焰。一贯敏锐的埃达·路易斯·赫克斯特布尔[1]观察到：“在美国，钟摆总是由廉价的

[1] Ada Louise Huxtable（1921—），美国建筑评论家、《纽约时报》第一个建筑评论专栏作家、1970年普利策批评奖得主。——编者注

方便摆向廉价的做作，比如快餐和愚蠢的餐厅火焰菜之间就没有任何区别。”

恶俗餐馆还有一个信号，遗憾的是你要等到自投罗网之后才能察觉。这个信号就是菜肴的“漂亮摆盘”，就像很有必要一样，每盘菜都必须模仿一幅画——通常是恶俗的抽象画，有时也会模仿多愁善感的陆地画或海景画。在真正顶尖的恶俗场所，视觉表现占绝对的主导地位。在这种地方吃饭，你会得到这样的印象：这顿饭满足的器官，是你的眼睛而不是嘴巴。与赫克斯特布尔一样，汤姆·沃尔夫[①]对于恶俗也有犀利的眼光，我们应该将对恶俗摆盘装饰最成功的批判之一归功于他。在汤姆·沃尔夫的小说《虚荣的篝火》（*The Bonfire of the Vanities*）中，阿瑟·拉斯金请英国作家彼得·法洛在极受欢迎的恶俗餐馆 La Boue de Argent 吃饭：

法洛点的第一道菜是一道蔬菜面食。端上来的是一个粉色的小半圆形，周围呈放射状摆着食用大黄的叶柄。这堆东西位于盘子左上方的 1/4 圆周处。整个盘子看上去就像用一幅古怪的新艺术派[②]绘画——血红色大海上，一艘西班牙大帆船正驶向落日——上了一层釉。落日就是用食用大黄叶柄摆成的放射线，西班牙大帆船不用糖汁，而采用不同颜色的酱汁做成。这道菜就是一幅用酱汁绘成的画。

[①] Tom Wolfe（1931—），美国畅销书作家、记者、将文学写作手法应用于新闻报道的“新新闻主义”鼻祖。——编者注

[②] Art Nouveau，1890—1910 年流行于欧美的一种装饰艺术风格。——译者注

业内人士的确称这类菜为“酱汁画”，某些抢手的厨师尤擅此道。阿瑟·拉斯金的盘子也一样令人难忘，他的盘子里是（他本人并没有注意到）：

被精心编织成篮网状的一层扁平绿面条，上面点缀着一群蝴蝶，这些蝴蝶以成对的蘑菇片做翅膀，以甜椒、洋葱片、葱、刺山柑做躯干、眼睛和触须。

与此相似的恶俗做法，不是出于作画般的矫揉造作，而是出于一种不合时宜的对新奇的渴望，无论效果多么糟糕，只要是一盘烤牛排或烤羊排，就无一例外地会在四周码一些白葡萄，或在一份烤鲑鱼边上放几片罐装葡萄柚。在这类餐馆，你准保会碰上流动小贩向女士们兜售玫瑰、版画、雕版印刷品、炭笔素描、水彩画、珠宝首饰等等。大多数恶俗餐馆里还有到处走动的乐师（糟糕而不是恶俗），其职责就是用收钱来打断别人的谈话。

餐馆里男女侍者的类型也是导致恶俗的一个重要因素，他们大多会直接告诉你他们的名字（“嗨！我是布拉德。今晚由我为您服务……”），接着就没完没了地背诵菜单“我们今晚的特色菜有……”，并尽量不报菜价。让侍者背菜单而不用一块大招牌直接公布有两层用意：首先可以诱使顾客点高价菜肴，很少有人会因为不清楚自己的消费金额，而无礼或勇敢地叫侍者回来报出每道菜的价格；再者，这么做也是为了一开始就在顾客与侍者之间建立一种类似“友好”的关系。一旦建立成功，就意味着即便侍者提供的服务很恶俗，顾客也不至于十分沮丧，还会原谅侍者的过失或疏忽。既然早前侍者就表明了友好的态度，那大家就是一家人了。

男女侍者不仅被教导成服务员和端盘子的人，还像大多数美国人一样被教唆成了恶俗贩子。旧金山一家连锁餐厅的营销总监朱迪·拉迪斯曾表示：“我们需要让侍者去推销菜单。”按此要求，一位侍者不应该问“你要甜点吗？”，而应该问“我能竭诚为您奉上一份令人愉快的一流巧克力慕斯吗？”在顾客进餐期间，侍者在一边卖弄地使用特大号的胡椒碾磨器，也是为了制造侍者和客人之间亲密友好的幻觉。《纽约时报》餐馆评论家玛利亚·布洛斯（Marian Burros）说：“巨大的胡椒碾磨器对食客的侵犯已经到了失控的地步。”为什么不在每张餐桌上都放一个巨大的（以免被人顺手牵羊）胡椒碾磨器呢？这样，顾客就能像布洛斯说的那样“每吃完一口，就可以自己决定要不要放胡椒了”。倘若真能那样，你也就不必在侍者每上一道菜就冲着你说一声“慢用！”时，像还重债一样地向他道谢了。

大多数恶俗男女侍者迫于工作需要不得不用虚情假意代替职业尊严，这种情形被西里尔·康诺利[①]称为“心理学家的仙境”（Psychologist's wonderland[②]）：“当我们看着那些毫不友善的人努力装出友善的样子，他们这种行为背后的心理

[①] Cyril Connolly（1903—1974），英国文学评论家、编辑、作家，曾任英国文学杂志《地平线》（*Horizon*）主编。——编者注

[②] 这个词来自西里尔·康诺利的著作 *The Condemned Playground*。——编者注

活动就会轻易地暴露在我们的面前。”要改变这种情形也许很困难，办法却也很明确，就是不要假装友善。唯有遵守这一点，才能终止形形色色的恶俗。

在恶俗餐馆交学费的食客们很早就从他们的经历中学会了一条重要的准则，这一准则可以称为“布莱恩·米勒准则”，因为就是这位纽约美食评论家提醒大家要注意这一准则的：海拔越高的餐馆，越有可能是恶俗的餐馆。最好的例子是雄踞世博会建筑顶层的那类餐馆，它们的主要兴趣不在食物，而在于旋转[①]。一旦理解了餐馆的高海拔准则，航空餐饮服务和其他服务就不再令人困惑了。这类服务的难度在于在不可能的情况下成功供应食物的地点，比如树屋、小船或猛烈的炮火下，这也是所有“惊险条件下供应食物”的难度所在。在这类情形中，我们应该惊讶于食品供应者克服的困难的级别，而不应该挑剔食物。航空餐饮服务就是一个纯正的恶俗案例。既然能提供一份很好的金枪鱼沙拉，为什么非要供应**法式酥皮三文鱼**呢？最好还是给旅客提供纯正的三明治，再来一份雪糕。唯有如此，恶俗才会因羞耻而消失。

[①] 此处暗指1962年美国西雅图世博会标志性建筑——太空针塔上的旋转餐厅。——编者注

恶俗酒店

在凯悦酒店（Hyatt）、假日酒店（Holiday Inn）、万豪国际酒店（Marriott）、霍华德·约翰逊酒店（Howard Johnson）、华美达酒店（Ramada Inn）等酒店的时代到来之前，美国的酒店级别还只有糟糕或一般。现在，它们几乎是清一色的恶俗了。原因就在于它们的夸张、喜好吹嘘它们根本没有的东西。

比如“夜床服务”。酒店希望通过宣传这种服务，吸引人们蜂拥而至。其实，所谓的夜床服务就是在下午6点到晚上10点之间，由一名服务员帮你打开并**铺好**客房中的床单和毛毯，此外，他还会放两到三粒亲手包好的**糖果**到铺好的床单上，这就是酒店广告中“豪华”一词（酒店最喜爱的魔力词语）的确切含意。

当唐纳德·特朗普[1]夸口说他要把纽约广场酒店变成“世

[1] Donald Trump（1946—），美国知名房地产商、主持人、作家，人称“地产之王”，以生活招摇、善于作秀闻名。——编者注

界上最豪华的酒店”时，我们知道他所谓的“豪华”主要是指无关紧要的夜床服务和人们就寝时根本不想要的糖果。除此之外，还有更多酒店用语和计划，专门用来引诱头脑简单、容易轻信的人。酒店的室内陈设必定是**豪华的**，酒必定是**高级的**，**食物**必定是**充满异国情调的**，服务必定是**亲切的**，环境必定是**优美的**。为了避免那些在社会地位上没有安全感的人对不熟悉的“**优雅**”感到神经紧张、受到刺激，一家酒店特意声明它的餐厅是“优雅的休闲风格”（见“恶俗语言”），就像火奴鲁鲁一家酒店说他们那里着装都很随意，“只有在晚餐餐厅里，才会穿休闲式的优雅便装（男士）和晚礼服（女士）”。

华盛顿一家著名酒店的装腔作势可谓登峰造极，这家酒店着力强调其社会势力和“正确”举止。它说：“本酒店的贵宾来自世界各地，都是异国显贵或政界、商界、科学界等各领域的领袖人物。这些男士和女士习惯了本酒店提供的一切优雅、周到服务（比如夜床服务）。”显然，住在这家酒店的全体显贵及同等阶层的人士，都需要举止和着装方面的指导，因为这家酒店做了一本名言小册子，上面罗列了“若干着装规范”。这些小册子被分送到战战兢兢担心自己举止不正确（依据酒店的标准）的客人手中。能住进这家酒店，就意味着客人“具有以高贵举止优雅生活的优先权和能力”，（这难道不让你觉得想吐吗？）酒店管理部门为了帮助客人实现“优雅生活”这一目标，“要求客人装扮高雅”。假借建立一套“正确举止规范”的名义，酒店强调，客人只要入住酒店，就能给别人留下深刻的印象，也更容易从华盛顿得到他想得到的东西，比如在一家恶俗酒吧的恶俗酒会后拿到国防部五角大楼的一份订单：10 万把活动扳手，每把 75 美元。

美国的酒店过去还满足于由以雇员姿态出现的人经营，现在却由那些俨然比我们上等，能指导我们正确着装、正确举止的人来经营，即便他们打理出的酒店比三教九流出入的汽车旅馆好不了多少——每个楼层都设有制冰机和自动售货机一类的丑陋物品，每天早晨都在客人门口放一份免费的《今日美国》报（*USA Today*）（见“恶俗报纸”），还持续播放最俗套的唱片音乐。

当代美国生活的一个重要缺陷就是根本没有酒店评论。我们周围没有一个人能像 H．L．门肯一样，水平足够可靠，鄙视金钱骗局，还不会被虚张声势所威吓，从而能够公正地评论酒店。1946 年，他谈到华盛顿一家著名的酒店，一家大多数人看来不仅满意而且豪华的酒店时说：“× × 酒店可能是世界上最差的酒店了，即便它只是最虚张声势的酒店之一。酒店里到处都是贴着‘为了保护您的安全’的小玩意儿，从饮料杯套，到马桶上方的卷纸器，不一而足，舒适度却极差。”自门肯的时代之后，情形已经变得更加糟糕了。他会如何评论代客泊车服务（见“恶俗餐馆”）呢？如果他在未被告知价钱的情况下，被邀请乘坐酒店提供的大型豪华轿车而不是出租车，等到了目的地才被要求支付 30 美元，他会作何反应呢？他又会如何评价要等上 45 分钟才会送达房间的早餐服务呢？酒店餐厅的酒水服务中精心策划的把戏呢？结账台前长长的排队大军呢？书报摊没有文明读物呢？（据说摩门教徒经营的一家恶俗连锁酒店，书报摊上根本见不到《大西洋月刊》、《新共和》杂志和《哈泼斯杂志》的影子。）再者，如果一个女服务员在晚上八点半贸然闯进门肯的房间，铺好床单和毛毯后再留下几颗亲手包好的小糖果，他又会如何评价呢？

虽然现在很少酒店评论，但还是有一些的，其中就有可敬的埃达·路易斯·赫克斯特布尔的评论。“现代的酒店和汽车旅馆”，她观察到，“几乎都是美国产品的象征。”依据平庸的标准设计的“糟糕的色彩、糟糕的建筑、糟糕的印刷品、糟糕的装饰画、糟糕的家具、糟糕的灯具、糟糕的冰桶、糟糕的废纸篓，所有陈设都完全符合酒店经营者单调而廉价的品味和粗制滥造的风格……”这类单调的糟糕（不，是恶俗）事物遍布全国，充分表明了个人选择权的丧失，这是对备受吹捧的美国式自由的一个嘲讽。

由“好客工业”（酒店业喜欢这样称呼自己）提供的欺骗性选择幻觉与电视业中的情形十分相似（见“恶俗电视”）。赫克斯特布尔进一步挖出了这些可怕的酒店所效仿的顶级“奢华”模本，她指出，模本源自“每一部曾风靡银幕的、描绘神话般的高级生活的电影”。但到了酒店策划师、建筑师、设计师、室内装潢师和雇员那里，就统统降级为“塑料、镜子和仿制品”，变成了“审美盲与矫揉造作者”的产品，用一句话概括，就是全都成为了恶俗的精华，并且“几乎都是美国产品的象征”。（见“恶俗建筑”）

另一个不为酒店的虚张声势所左右的人是作家马克·兰达尔（Mark Randall），激怒他的是服务员那套油腔滑调的奉承话。他极其厌烦恶俗酒店服务员的这类话语：

“晚上好，先生。今晚过得还好吗？……需要给您从酒吧拿些喝的吗？……我很乐意这么做，先生……还需要别的什么吗？……我马上就去把您的酒拿来。”

“面对这种情况，人们会想说，”兰达尔写道，“‘行了，快去把我的酒拿来，然后闭上你的嘴吧！’”兰达尔总结道：

我们可以看出……这种服务风格是设计出来的，不是为了更好地服务顾客，而是为了将顾客的注意力吸引到他们本应察觉的、服务员富有教化意味的文雅举止上来。这个机构借由这种方式，沾沾自喜地提醒你，你正身处高档场所……事实上，人们在这里既没有得到礼貌的对待，也没有获得很好的服务。这种服务只是彬彬有礼的炫耀，是一种阿谀逢迎。

如果日常生活中的粗鲁只是很糟糕，那这类东西就是恶俗了，而且“几乎都是美国产品的象征”。

恶俗食品

在美国，食品确实是一个很大的话题，如果糟糕食品——比如芜菁甘蓝和吉露果子冻——与恶俗食品分得很清楚，食品问题就还比较容易控制。

美食作家科勒曼·麦卡锡（Coleman McCarthy）帮人们给恶俗食品下了定义。他在《美国的基本食物》（***Basic American Diet***，为了方便起见，他将书名缩写为B.A.D.）一书中讲到蔬菜和水果时，强调食物的“好看”已经取代了其实际功用、纯正和安全，他指的是那种将食物包装打扮一番，以吸引无知者的丑陋行径，比如将桔子染成橙色，或人工种植苹果、樱桃、草莓，使其惊人地硕大但食之无味。现在，人类已经违背了所有的自然法则，“苹果成了没有斑点、不长虫、大红大绿的东西。葡萄柚奇圆，像棒球一样坚硬，像连翘花一样金黄”。所有这些金玉其外败絮其中的表象，都是由无数奇特且未经测试的物质制造出来的，这些物质存在于用以制造看上去很完美的植物怪胎的化学品中。

这一恶俗表现符合美国人不愿接受令人不快的事实的倾向，比如这类残酷的事实：桔子本来是黄绿色的，且通常是卵圆形的；不长虫的苹果其实是反常的东西，正常的苹果如果不染色、不打蜡，就会很难看。食品的本来面目与其他事物的本来面目一样，反而难以被人接受。恶俗不仅已经出现，美国人对此还很坚持。他们选择“加工”奶酪，是因为天然奶酪会发酵、逐渐裂开，从而产生超市经理们所谓的保质期问题。如果没有人反对，甚至没有人会注意，那为什么不提供加工奶酪，以代替天然奶酪呢？经过高温消毒的加工奶酪可以保存好几个月。如果再把它加工成鲜亮的橙色，味道像油灰或某种可能会在手术室遇到的东西，又会怎么样呢？如果用加工奶酪冒充天然奶酪，还大受欢迎，恶俗的危害就不言而喻了。

美国人对于水果要好看、要修饰、要令人喜爱的坚持，也同样体现在对花生一类传统食品的美国式新加工方法中。花生原本就很好，只是太简单太纯正，不合乎当今的恶俗口味。非得将它们变得辛辣，加糖使它们变甜，好像我们终生都生活在托儿所里，无力克服对 Cracker Jack 牌玉米花生糖[①]孩子般的热爱。如今最受青睐的品种是“蜂蜜烤花生”，这种零食看上去就像一件由朱红色棉绒制成、上面系着镀金青蛙的男式晚宴服。椒盐脆饼的主要优点曾经是它的咸味，如今也开始有糖

---

① 是一种焦糖裹层玉米花和花生混合成的零食，目前为百事食品公司旗下商标，因包装袋上印有水手杰克和他的狗而得名。——编者注

衣了，这的确使椒盐脆饼成为了美式甜啤酒最好的下酒菜，这一组合很快就跟寻常的姜汁啤酒没有区别了。“不甜”的口味和酸的口味都早已过时，现在，中国餐馆唯恐客人不来，也不得不用“**甜辣肉**”（Sweet and Pungent Pork）来代替“**糖醋肉**”（Sweet and Sour Pork）了（见“恶俗语言”）。过去，人们服用阿司匹林药片时，对不甜的口味还有大约半秒钟的忍耐力，现在，就连阿司匹林也有糖衣了。

事实上，无论食品上的糖衣，还是信仰、酒店、想法、餐馆、电视上的“**糖衣**”，都与恶俗的本质很接近。的确，T．S．艾略特[①]说过：“人类无法承受太多的真实”，而美国人对真实的承受能力还要再减半。

[①] Thomas Stearns Eliot（1888—1965），美国诗人、评论家、剧作家、1948年诺贝尔文学奖得主，后来定居英国。——编者注

恶俗的公共雕塑

所谓“公共”，是指设计给大量没有艺术鉴赏力的人在室外观看的东西。期望这些人具有品味或批判性，是不公平的。恶俗的公共雕塑指的是寻常的三流作品和矫揉造作之作，也指平民当成社区或州政府赏赐的大恩惠毕恭毕敬接受下来的有问题的东西。最好的例子是自由女神像，这个雕塑是全体美国国民仰慕庸俗作品的典型表现。那把**切实点燃了**的火炬带着伪写实主义的新奇特征，总能令恶俗爱好者们欢欣鼓舞。约翰·古岑·博格勒姆在拉什莫尔山的雕塑[①]，因炫耀的尺寸、不恰当，以及整组作品粗劣的新埃及式臃肿，轻松成为仅次于粗俗的自由女神小姐的东西（见“恶俗语言”）。

除了为美国的巨大化作风——没有质量，至少要有数量

[①] 1927—1941年，博格勒姆(John Gutzon Borglum)在南达科他州拉什莫尔山(Mount Rushmore)上雕刻了华盛顿、杰斐逊、林肯和西奥多·罗斯福四位总统的肖像，各高18.3米。——译者注

（见“恶俗酒店”、“恶俗工程”和“恶俗大学”）——作了一次贡献，博格勒姆昂贵无用的作品那毫无想象力的表象，还颂扬了公众艺术鉴赏力向俗不可耐的倒退（见“恶俗物品”）。无论从哪个角度、隔多远的距离看，那四颗巨大的头颅都传递出这样一条信息：“打倒现代主义！”，这受到了没受过文化教育、忿忿不平的人们的欢迎。虽然这一信息是苏联社会主义现实主义（Soviet Realism）的地道说法，但似乎也是针对我们国家的土包子们说的。

华盛顿肯尼迪艺术中心那尊硕大的约翰·F·肯尼迪“镀金”头像（见“恶俗建筑”），尽管并不摆在室外（因为头像所在的大厅大得夸张，才使它看上去像在室外），也属于恶俗的公共雕塑，它们都企图凭借巨大的尺寸轻易赢得公众的敬畏（说到这里，我想起了纽约世贸中心）。无论从尺寸方面还是其他方面看，那尊硕大的肯尼迪头像都能媲美于坐落在费城一个消防站外、10英尺[1]高的本杰明·富兰克林头像。最有趣的是，砸在肯尼迪艺术中心上数以万计的硬币都是由天真的学童们捐赠的[2]。

若非十足愚蠢，我们就不会在欣赏完这些巨大的人工制品后，又去欣赏更逼真的、真人大小的雕塑。我脑海里浮现出J·苏华德·约翰逊[3]这个名字，他专门创作与蜡像馆蜡像相似的青铜

[1] 1英尺=30.48厘米。——编者注

[2] 肯尼迪艺术中心里肯尼迪音乐厅舞台的装备费用，是由美国的六百多所小学捐献的。——编者注

[3] J. Seward Johnson（1930—），美国雕塑家，作品以经典照片翻版、等高真人铜像、写实风格闻名。——编者注

人像，人像的着装风格完全是20年前的。“逼真”就是他的目标。这些令人毛骨悚然的金属人坐在长凳上读青铜报纸，或举着青铜雨伞招手叫出租车，约翰逊希望他们看上去就像真人一样。说到自己创造这些空虚的模拟物的意图，约翰逊说：“我喜欢听到人们说‘多真实的人啊！……’”问题在于约翰逊指的“人”是哪些人。是真正的文明人，还是六岁的愚钝孩童？

是粗俗的具象主义还是肤浅的抽象主义造就了最拙劣的公共雕塑，这是个问题。抽象雕塑作品矫揉造作的名称常常表明了恶俗那不容忽视的存在，这些名称会令活泼的年轻人做出粗鲁的模仿。某所大学的校园里屹立着两根高达 50 英尺的倾斜的管子，管子的直径有 10 英尺，上面涂着浓淡不一的红色和橙色，这两种颜色的冲突很明显。创作者将其命名为“盟约”，学生们则聪明地称之为“决斗的（月经用）卫生棉条”；在纽约，雕塑家巴纳德·罗森塔尔（Barnard Rosenthal）的“五合一”雕塑（*Five in One*）从当地人那儿赢得了“一大堆生锈的帽子”的“美名”；而理查德·塞拉[1]的“倾斜的弧”（*Tilted Arc*）则被说成是“那堵操他妈的丑墙”。看了这些恶俗的雕塑，比较智慧的观众就会产生一个与以上现象紧密相关的道德问题，即：虽然这种汪达尔人作风[2]很不恰当，但公共雕塑并不属于公众的职责。据说一群既有品味又有判断力的人自称为“艺术

[1] Richard Serra（1939—），美国极简主义雕塑家和录影艺术家，以用金属板组合成大型作品而闻名。——编者注

[2] Vandalism，即故意破坏公物的作风。汪达尔人是古代日耳曼人部落的一支，公元 455 年曾洗劫罗马，此后他们的名字就成了肆意破坏和亵渎圣物的同义语。——编者注

突击队员”，他们的使命是破坏他们看不顺眼的东西，可能的话就将其彻底毁灭。一位考虑加入该团体的人经过长久的考虑后决定不加入了，他这么做并非出于道德原因，而是出于艺术考虑。他说：“汪达尔人作风解决不了问题，糟糕的雕塑损坏后只会更糟糕。”

一名当地的观察者如此描绘他所在的城市：

> 尽管导游手册总喜欢指出费城比美国其他城市拥有更多的公共艺术作品，他们却很少提及这个更重要的信息：费城的很多公共艺术作品不仅糟糕，而且绝对是令人难以忍受地糟糕。

（如果这位观察者能再加把力，眼看就要抓住恶俗的精髓了。）费城市自豪地展出的一件展示品被一位著名的评论家称为“20世纪独一无二的最差劲雕塑”，真是一针见血，淋漓尽致。直到那时，那堆恶俗公共垃圾的一位制造者才坦白道：“雕塑是我上学时学得最差的科目之一，我对它一点感觉都没有。”

大学、公司和市政当局制造、安放公共雕塑，他们的所作所为似乎想比美第奇家族[①]还要美第奇。但有一样东西注定会消失，那就是品味，就像雕塑家身上注定会消失的才华一样。公众身上也有一样东西正在消失——嘲讽和反对的勇气。

[①] Medici，意大利佛罗伦萨著名家族。美第奇家族以银行业起家，逐渐获得政治地位，诞生过3位教皇、2位法国王后，有赞助艺术、公共建筑和慈善事业的家族传统。家族最出名的人物是文艺复兴时期的艺术赞助人洛伦佐·美第奇。——编者注

恶俗银行

既然所有银行都已经拿自己的尊严换取了名声，并像恶俗世界的所有创造者一样热衷于吵吵嚷嚷的虚假广告，那他们就都是恶俗的，只是程度不同而已。很少有人能抵挡银行近乎于欺骗的赢利建议，比如万事达信用卡的账单会告诉客户只要偿还一部分欠款就可以了，以及银行多么喜欢你云云。容易轻信的人，以及在准确阅读艰深文本方面未受过严格训练的人，因此就会不知不觉被拖进 18% 利息率的大阴谋中。

恶俗银行喜欢像对待无产者、被赞助者或动物那样对待他们的顾客，强迫他们进入一个标明“入口在这里”，并用绳子隔开的空间。这些人在里头乱成一团，直到排在队伍前面的人终于挤到柜员的窗口，拥挤才会结束。即便你的钱在他们那儿存了 50 年，恶俗银行也从不知道你是谁，每次都还要费力地放大缩微胶片[①]来检查你的签名，以此侮辱你一把。过去的银行看起来像大理石神殿，或宏伟的圣公会[②]教堂。现在，它们看上去更像是由假装友好的家庭妇女们经营的中下等汽车旅馆办公室，对于你究竟是何许人，他们仍然一无所知。最上乘的恶俗银行能让你听到亨德尔或莫扎特的音乐，最下等的则让你听《让世界停下来，我要下车！》[③]，或者《一步登天》[④]（见“恶俗音乐”）。恶俗银行从不兑换外汇，并抗拒所有略微超出常规的业务，不论国际业务还是国内业务。

[①] 缩微技术是一种现代化的信息处理技术，采用专门的设备、材料和工艺，将原始信息原封不动地以缩小影像的形式摄影记录在感光材料（通常是胶片）上，经加工制作成缩微品，用以保存、传播和使用。这一技术已被应用于金融系统。——编者注

[②] 圣公会是基督新教的一个教派——圣公宗，与信义宗、归正宗同属基督新教三大主流教派。由英国国王亨利八世创立，并作为当时英国的国教，由英国国王担任教会最高首脑。——编者注

[③] *Stop the World—I Want to Get Off*，1962 年英国剧作家安东尼·纽雷（Anthony Newley）和莱斯利·布里克斯（Leslie Bricusse）创作的音乐剧，以古典的方式讲述了一个社会底层的普通人经过自己的奋斗和各种机缘巧合，从默默无闻到声名显赫的故事。——编者注

[④] *How to Succeed in Business Without Really Trying*，1952 年美国作家谢波德·米德（Shepherd Mead）出版的广受欢迎的小说，讲述一位擦窗工人借助一本成功秘籍奋斗成为公司总裁的故事。1961 年被改编为音乐剧在百老汇上演，经久不衰，荣获 7 项托尼奖、纽约剧评人奖和 1962 年普利策戏剧奖。——编者注

恶俗物品

一些物品恶俗得如此明显，以致它们立刻就被中产阶级拥抱住了。那些仅仅只是糟糕的物品（比如摆放在电视机上的大力水手石膏像），就只能博得下层人士的欢心。要想拥有恶俗物品，你就必须将自己看成相当特别且富有魅力的人。一件能令此类人兴奋的物品是希腊渔夫帽。上了年纪的中产阶级男士钟爱这种帽子，他们总想打扮得年轻、有教养且潇洒。如果直率的无产者钟爱那种前面印着“老屁”、后面的带子可以手动调节宽窄、帽檐是塑料的帽子，那希腊渔夫帽就是会受《纽约客》的主张和广告影响的人的贫民帽。小罗伊·布朗特[1]曾就穿戴这件恶俗物品的假模假式作了极其美妙的评判：

不符合以下两个条件的人不该戴希腊渔夫帽：

[1] Roy Blount, Jr.（1941—），美国幽默作家，曾任美国作家协会主席。——编者注

1. 他是希腊人。

2. 他是渔夫。

话说回来，男人戴任何一种帽子都会冒恶俗的风险，尤其是想摆脱平庸的帽子，比如四面下垂的超大号贝雷帽、网状帽或学院派人士戴的方形便帽，他们以为这种帽子能让学位帽重见天日（见“恶俗大学”）。工人在建筑工地戴硬壳帽无可厚非，但市长、州长或总统在短暂访问工地期间戴着，其效果就是恶俗了。

一切物品都带有艺术的、社会的和道德的意味，一个人使用的每一件物品都可能暴露其糟糕或恶俗。在富人和名人中，总有一些可怕的人会买最丑陋的物品，这些物品除了价格值得炫耀外一无是处。事实上，你对富人和名人了解得越多，对他们的嫉妒就会越少。钻石既卖弄又矫揉造作，糟糕得只适合被那些爱卖弄的废物拿去炫耀，比如戴钻石的丽尔[①]、钻石吉姆·布雷迪[②]等。如果你想再糟糕一些，可以将钻石镶在戒指、项链或手表上，让钻石得以在“自由移动的底座”上展示。这样，你一动，这些珠宝就会在小铰链上来回晃动，从而最大限度地展示它们的光彩夺目，这想必会令那些愚钝的旁观者印象深刻。这个创新的设计令那些穿细高跟鞋和李维斯牛仔裤（Levi's）、钟爱金线织成的泳装的女人们兴奋不已，据说是日内瓦一个钟表匠的创意。这位设

[①] Diamond Lil，美国女演员梅·韦斯特（Mae West，1893—1980）扮演的一个歌剧角色，是一个在酒吧唱歌的歌手，身穿非常紧、非常亮丽的衣服，有一头金色的亮丽卷发，戴着钻石珠宝和一顶大帽子，有许多情人和追求者。——编者注

[②] Diamond Jim Brady，有百万身家的铁路大亨、19 世纪末 20 世纪初一位富有传奇色彩的美食家。——编者注

计者的广告表明，他为自己以一种新的方式达到恶俗水平感到自豪，或者，用他自己的话说，这一设计要归功于他的“独特理念”：

十年前，我设计了第一块镶有自由移动的钻石的专利手表。基于这一奇特的创意，一系列的手表和珠宝才得以问世。

顺便提醒一下各位，这个人使用的“**基于**”（based in）一词很受恶俗人物的喜爱，这类人也会把“和”（and）说成“**加**”（plus），就好比无耻的商贩会用假冒的词语“**收藏品**”（collection），将他们那些粗俗的破烂描绘成“艺术品”（见“恶俗广告”）。

事实上，“一级”珠宝必定恶俗，尤其是来自或自称来自日内瓦的珠宝。那里有家手表公司打出“手表制造史上具有历史意义的创举”[①]的广告：

本公司自豪地向您推荐附万年历、带有自动骨架和特别编号的陀飞轮三问表。

很显然，“**骨架**”一词意味着“透视”，就是很容易看清时间。如果你垂涎于真正的恶俗，要买一块那样的手表，那将花掉你 25 万美元。这当然是很大的一笔钱，但想想戴那种

① 原文为 An historic first in the history of watch-making，注意这里用“an”而不是“a”，这是势利的伪英式英语用法。

手表会给周围的人留下多么深刻的印象吧。这类恶俗手表总会显示一些你不想要的信息：月、星期、日、月相、星象、万年历等等。如果25万美元对你来说贵了点儿，或者你日常出入的场所没那位珠宝商想象的那么恶俗，那你可以在Tiffany礼品店花2.15万美元买这种透视手表的简化版。

如果不是众所周知地富有，会购买“定制14K金刻字首饰”的人显然也是为了达到类似的恶俗水平。这种首饰会强调你的名字，唯恐你或别人（那些人会忍不住叫你“××先生”，无视自己作为友好的美国人，应该尽可能地直呼别人的名字）把它给忘了。你的名字（“手工雕刻的”）占据着男式金手链或女式金项链、金手链的中心位置，每一件都参与创造了“您极其特别的时尚品质”（见“恶俗广告”）。

由于只能刻8个字母，如果是为“Katherine”女士设计的手链，这个名字就会被粗鲁地压缩成狗屁不通的、粗俗的“Kathryn”，使之更具好莱坞味道和恶俗之气。这类物品的广告向你承诺，只要戴上它，你就能获得“豪华的教养”，当然，这类物品会放在珠宝商自制的**礼盒**中“**展示**”（见“恶俗语言”）。如果一些人顾及体面、谦虚或品味，不愿展示自己的全名，也有折中的办法——将姓名的首字母缩写刻在戒指的钻石上（还能是哪儿呢？）。对这一做法，广告会这么说：“能让您看上去与众不同”，当然，没有人会否认这一点。也没有人会对极其符合这一理念的这类措词感到吃惊：“可接受定制戴在无名指或**小拇指上**，刻有姓名首字母缩写的大方的男士钻戒。”将一枚这样的戒指视若珍宝的男人，显然也有望成为折叠式单刃安全剃须刀的主顾。这种剃须刀带有正宗的沃特福德水晶[①]把手，并“庄重地饰有楔形物和钻石一样的切割面”。将剃须刀放在一个“用缎子作衬里的礼盒”中呈献给顾客，就为一位男士提供了“他所能拥有的最优雅的剃须方式”。问题在于，除非你能找这样那样的借口，邀请你的客人到你的洗手间去看你剃胡子，否则没人能瞻仰到你这件恶俗的宝贝。

上面所说的都是小号的恶俗物品，还有许多大号的，比如加长型豪华轿车。如今这种汽车已经十分常见了，所以人们很容易忽略它有多么恶俗，即使它保持黑色的样子，没有漆成白色（见“恶俗行为”）。这种车越是设计得让那些无知的人惊讶得张大嘴巴，就越是恶俗。住在纽约的一位叫泰德·亚布拉姆森（Tedd Abramson，看看“Tedd”那恶俗的拼法）的男子，经法律允许创造了（用他自己的话说）一辆最长的白色加长型豪华轿车，一般的豪华轿车长 23 英尺，他这辆竟长达 35 英尺。记者马克·希尔（Mark Seal）指出了当此恶俗奇观出现时可能发生的一切：

在绕西 46 街百老汇的转角处行驶时，纽约市最长的豪华轿车差点引起骚乱。食客们从座位上蹦起来，挤到餐馆的玻璃窗前，眼神狂热的流浪汉和尖叫的街童沿大马路追着车

[①] Waterford，沃特福德水晶公司成立于 1783 年，是英国老牌水晶公司。——编者注

跑，漂亮的女人们从乔治·M·科汉[①]的雕像那儿小跑过来看个究竟，游客们努力猜测坐在车里的人是谁——特朗普？卡森[②]？艾迪·墨菲[③]？……所有人都瞪大了眼睛，下巴都快掉了。成百只食指对着车指指点点，整打相机"喀嚓喀嚓"地按着快门。

这件引起人们强烈兴趣和欲望的物品是一辆带六个轮子的林肯城市轿车，带有"3个月亮天窗[④]、10扇贴膜车窗……3部电话、2台电视、一台盒式录像机、一套立体声音响、3张酒红色皮面（见'恶俗广告'）躺椅……车的后部还有一个极可意（Jacuzzi）按摩浴缸（使用浴缸要另付500美元）"。车厢内壁装饰着黑檀木镶板，"跟唐纳德·特朗普的豪华轿车里用的木头一样"，泰德说。拥有这种怪物的人只有一个吗？不！"在加利福尼亚还有类似的加长豪华轿车"，希尔先生确定地说。你可以以每小时160美元（至少得租4个小时）的价格租用泰德的豪华轿车，如果你租了，却没有告诉你的乘客花了多少钱，那你就犯了一种有悖于恶俗的罪过了。毫不奇怪，泰德最大的梦想，就是"拥有一支由街道那么长的豪华轿车组成的车队，

[①] George M. Cohan（1878—1942），美国男演员、剧作家、制片人和歌曲作者，百老汇剧诗艺术的奠基人。——编者注

[②] Johnny Carson（1925—2005），美国脱口秀主持人，曾主持美国全国广播公司深夜时段的著名脱口秀节目 *The Tonight Show*。——编者注

[③] Eddie Murphy（1961—），美国黑人喜剧演员。——编者注

[④] 一种滑动式半透明天窗，滑动部分由玻璃制成。即使处于关闭状态，也有光线进入车内，但光线通过率比普通玻璃少。——编者注

并在夏威夷拥有一幢避暑‘别墅’[①]（见‘恶俗语言’）”。

不论这种加长型豪华轿车有多长，至少它没有许多恶俗物品带有的记号，比如可耻的**人造代用品**。在南加州及类似的地方，“房屋”[②]内外的装饰很流行用一种叫“文化石”的材料。这种材料由看上去很完美的假石头构成，是真的石头粉碎后再重组而成的，实际上就是一种石头塑料。这种恶俗物品往往有一面很平整，这样你就能用粘合剂将它们贴到墙上、壁炉上欺骗观众。这种**人造**材料与“粘合在一起的大理石”相似，适合用于大批量复制文艺复兴时期的著名古典雕塑。切割的大理石价钱昂贵，切割者还必须有才能。用粘结剂将大理石粉铸压成形，既廉价又制作简单。米开朗基罗《大卫像》原作有 16.5 英尺，小复制品却可以轻易做出 12 ~ 48 英寸[③]的多种规格。“这座人物雕塑真是一件著作啊！”某份广告对这种恶俗物品惊讶不已，他们希望那些明智的人不会注意到，将原作拙劣地压缩成小尺寸的做法，既贬低了雕塑作品表现的那个人，也贬低了雕塑者。然而，一旦你学会欣赏这类廉价、制作简单、龌龊的东西，并装作赞赏它们的高贵和经典，这种贬低对你而言也就见怪不怪了。

男式晚礼服的某些新配件也体现出了类似的恶俗，比如“白领带”。过去，人们常用提花[④]背心搭配燕尾服。现在，

[①] 原文为 summer home，不造作的说法是 summer house。——编者注
[②] 原文为 homes，不造作的说法是 houses。——编者注
[③] 1 英寸 =2.54 厘米。——编者注
[④] 以经线、纬线交织编出凹凸花纹或图案的编织方法。——编者注

你会越来越多地看到人们穿缎子背心甚至腈纶仿缎背心搭配燕尾服，并系上白色腰带，这种背心显然是高中生为增添班级舞会服装的风采而租用的花马夹的仿制品。

某些**人造代用品**还更恶俗，比如可以买来装饰书架的带“学问”气息的墙纸，这样，你就能审慎地使书架上书籍的名称不成为人们注意的焦点了。一位室内装潢师指出：“这种墙纸是专门为那些喜欢图书馆氛围却不想要书的人设计的。”用金属而非木头制造老人和残疾人使用的手杖，也是一种贬低的做法。稍有品味且不愿完全被恶俗物品引诱的人，也可能会用讲究的木制手杖甚至古董手杖，也许手杖上还会带一些不标准的、迷人或古怪的设计或雕刻，这也比那种金属的劳什子要强得多。只要懂得这些，他们就可以赞美并实践格调与价值的两条准则了：

- 用有机材料制成的物品比用无机材料制成的物品要好；
- 所有传统物品都尽量选择式样古老的。

人造代用品可怜的受骗者却坚持要使用金属手杖，据我推测，这可能是没有品味的医生规定的，似乎这种手杖更合适，甚至更好看。

还有一些恶俗物品虽然逃脱了人造代用品的耻辱，却屈服于豪华的诱惑或自暴自弃的花哨。看看这件经典的恶俗物品吧：带有两个“翼”的镀铬蝶形开瓶器，很受中产阶级的喜爱。这个东西一点儿也没学到法国侍者的开瓶技巧。看看人家，镇定而有效地将软木塞拔出来，塞子丝毫未损，手指也不会被夹痛，还用不着跟一件装有尽可能多的活动零件的器械纠缠，这么啰嗦的东西总有一天会出差错。这件花哨恶俗的美国开瓶器上的螺旋工具通常会在一年内坏掉，但喜欢这种开瓶器的人还是会留着它，让它永远待命，只可惜每用一次就会变得更难用一些。（见“恶俗工程”）

如果你没注意到光光“**葡萄酒**”这个词就能引发消费者对恶俗无止境的欲望，并激发出制造商和供货商想满足消费者的热情，那你就太迟钝了。葡萄酒专栏作家弗兰克·帕瑞尔（Frank Prial）曾提醒大家注意那种价值 4000 美元，带木质镶板、玻璃门，内设灯光的葡萄酒冷藏柜。如帕瑞尔所说，这种冷藏柜能向所有人表明其所有者很懂得冷藏白葡萄酒，但也会“使你家的饭厅看上去像一家通宵营业的便利店”。还有一种典型的恶俗物品是葡萄酒篮，这件物品能暗示那些天真的人，篮子里的酒瓶中装着的是如此珍贵的佳酿，因此直接将瓶子放在桌上近乎于亵渎。帕瑞尔还提到一件恶俗物品，“往没喝完的酒瓶里注入氮气来为葡萄酒保鲜，即使不能保存到下一代人那么久，至少过一两天再喝也还是新鲜的。”对于这种做法，帕瑞尔说：“我真是搞不清楚。在我家里，似乎从来就没有喝剩的餐酒。难道不剩酒是错的？”敏锐的观察者会注意到，这些与葡萄酒相关的恶俗物品是多么频繁地出现在一类家庭里——在那种家里，用有色玻璃制成、带有花哨的雕刻和图案的玻璃杯被称为“水晶”，我敢打赌你还能在那儿找到一副国际象棋，这副棋是为走进来喝葡萄酒而不是下棋的人们设计的。

要找到一样东西，能像花哨的国际象棋这样精确阐明恶俗最严格的定义，的确很难。似乎纳撒尼尔·库克和霍华德·斯当顿[1]在19世纪中期设计标准棋子时根本不知道自己在干什么，如今这些恶俗的国际象棋的特色，是把棋子装扮得像《爱丽丝漫游奇境》里的可爱角色，或者像印度的男女，或者像《皇帝的新装》这类民间故事中的人物，或者是参加南北战争的军队的小复制品——太逗了，这种棋子里的卒子分别是南军和北军的步兵，马是骑兵，两个王就是格兰特将军和李将军[2]，“王后”则分别由北方“淑女”和南方“美女”代表。用这种棋子下棋，也许真像广告说的那样，“是南北两军之战”，但这确实已不仅仅是在下棋了。对于拥有这些摆设的人来说，下不下棋根本无关紧要。这种国际象棋几乎能轻易地满足人们对恶俗、对审慎的思想者这一名声的渴望。实际上这些棋子只是磨尖后打磨光滑的小石块，或者削尖了的小木块。

大多数普通的、不造作的物品，经过某人的努力有所“提升”或被强加上了“新奇感”，就肯定会变得恶俗，有时还

[1] 霍华德·斯当顿（Howard Staunton，1810—1874），英国国际象棋冠军，1924年后国际赛事的专用棋子——斯当顿棋子就以其名字命名。斯当顿棋子的设计者是纳撒尼尔·库克（Nathaniel Cook），这种棋子采用了一些新古典主义风格的建筑造型：棋子们头戴符合各自身份的主教冠、后冠和王冠，马的形象来源于不列颠博物馆里收藏的古希腊大理石种马，车则采用了简洁经典的流线型线条，显示出力度和安全感，兵的形象至今仍能在维多利亚时期建造的楼厅里找到。——编者注

[2] 分别是美国南北战争中北军、南军的统帅。——编者注

会变得极端恶俗。见过那种系在肚子前面的“腰包”吗？任何人系上它，看上去都像小贩或挺着大肚子的畸形人，胖子看上去只会更胖。还有那种引人注目的男式涤纶仿缎蝶形领结，模仿黄缘蛱蝶、南美琉璃小灰蝶、黑脉金斑蝶等普通蝴蝶的样子和颜色。如果你拿不定主意，似乎花 32 美元就能买到 3 条？

普通电话机常常被“提升”，许多“提升”措施即刻就获得了成功，将普通物品变身为恶俗物品。最近的一个例子是嘎嘎鸭电话机（既实用又漂亮）。这种电话机看上去像一只无害的木制绿头鸭，有电话打进来时，它会**发出“嘎嘎”的叫声而不是电话铃声**，同时鸭子的**眼睛会亮起来**。这种电话机与其他恶俗物品一样，在技术上都很有想象力——“鸭子的叫声可以调高、调低，也可以关掉。”

你知道浴室墙上突出来的那种小肥皂碟吗？本来那东西没什么不好，可在宾州西黑索顿的一家汽车旅馆里，恶俗取得了胜利：有人出了个“聪明”的主意，将两个原本无害的肥皂碟换成 6 英寸长的塑料“蛤壳”，这不仅使狭小的浴室变得拥挤，还容易擦伤人，也很容易造成“蛤壳”的损坏。这些冒失的“蛤壳”表明恶俗与做作紧密相关。所谓的做作，往往是简单的举措所造就的，比如将一件物品放大很多（“蛤壳”），或不恰当地缩得很小（12 英寸高的大卫像）。

米老鼠刚开始只有老鼠那么大，后来才肥大起来，跟人一样大，甚至比人还大，这就使它比原先做作得多了。说到米老鼠，如果你是米老鼠收藏者，你可以在美国买到“限量版”的 4 英寸高水晶雪球，中间是一只米老鼠，跟它在《幻想曲》（*Fantasia*）中的“角色”一样穿着魔法师的服装，四周都是液体。只要晃一下水晶雪球，就会有小金星从米老鼠头上盘旋而下。“一件过往时代非凡、迷人的艺术品……一件值得收藏和珍视的地道传家宝”，这一高度评价可以在每个水晶雪球的“产品序列号登记证书”上读到。如此极端恶俗的矫揉造作，表明我们已经到达了“笨蛋镇”终点站，这里住着天真的人们，以为自己在收藏可以传给子孙后代的有价值的“收藏品”。因此，我认为有必要在这里加一个：

可收藏品附录

设计并大批量推销“可收藏品”供“收藏家”收藏的行为是如此地现代，以致“可收藏品”（collectibles）一词直至 1980 年代才出现在字典中。《韦氏大词典（全新第九版）》（*Webster's Ninth New Collegiate Dictionary*，1989 年）谨慎地、彬彬有礼地将这个词定义为“爱好者收藏的，尤其……有别于艺术品、邮票、钱币和古董一类传统收藏品”的重要物品。更准确也更粗鲁的定义应该是：“骗子大批量卖给容易上当受骗的笨蛋的各种物品。这些笨蛋以为自己正在收藏‘独一无二’的艺术品，他们的藏品将会升值，从而变成有价值的传家宝，传给对他们感恩戴德的子孙后代。”

这类可收藏品之所以具备价值和（或）艺术美感，从而够资格成为恶俗物品，要归功于销售者和广告公司的欺骗。有关这类一文不值的丑陋物品的广告，塞满了以缺乏安全感的中产阶级（见“恶俗广告”）为目标读者的通俗杂志。这类广告尤擅使用恶俗语言，就是那种极度仿古和伪艺术的词，比如“**传家宝**”和“**收藏**”（“建立你自己的传家宝收藏”）。能吸引势利眼和假充高级的人的词语有很多，比如**第一版、限量版、独一无二、首发、艺术品、杰作、正宗**，以及能抬高购买者的地位，但也许用在真正的艺术品上才合适的形容词：**手工的、精细的、传奇的、壮丽的**，还有一个最重要的形容词：**有价值的**。这类可收藏品的价值很特殊，因为它们被暗示“日后”肯定会升值，到那时，这些物品就会被“后代们”视若珍宝。那么，这类珍贵物品都有哪些呢？

我们从瓷顶针说起。你可以通过加入“顶针收藏者俱乐部”获得有价值的顶针。（推销恶俗物品的一种标准手段是将“一个系列”物品的第一件卖给顾客，这样就能促使他继续收藏随后的一系列物品。）每个月，顶针收藏者俱乐部的成员都会收到一枚被称为“独一无二的艺术品”的瓷顶针，成员们还会被怂恿“建立一个能永世珍藏的独一无二的收藏”。不久，他们就会被邀请为自己收藏的顶针投资购买一个“可爱的玻璃圆顶陈列架”，这个架子“将为您家的室内装饰增添吸引力”。

“这一收藏很适合传给您的孩子们”——注意，这里认为你的孩子们跟你一样，都是十足的笨蛋。你还可以传给你的后代一个“金制水晶圣诞铃铛”，再配一副米老鼠铃锤，这是“一件真正的传家宝，肯定会为后代们所喜爱并珍视”，这件物品还有一个额外的优点，它是出厂的“第一版”产品。如果你不想收藏顶针，也不想收藏配有金制米老鼠铃锤的水晶铃铛，收藏全套15只以合金、瓷、青铜、黄铜和“水晶”制成的小猫雕像怎么样？为了这个收藏，你每个月得订购一只新的小猫雕像（“每只只花30美元”），而为了展示它们，你还得拥有一个“美丽的黄铜玻璃古玩柜”。

“展示”一词道出了真正收藏可收藏品的人的些许悲哀。就像拥有沃特福德水晶把手剃须刀的那位男士为了展示，必须邀请客人走进他的洗手间，去看他用他那精美的剃须刀剃胡子一样，收藏者展示自己的收藏品（每户人家都是一个博物馆），意在博得他人的赞许乃至尊敬，而这也正是收藏者的恶俗所在（销售者的恶俗则在于谎称毫无品味的垃圾是具有艺术美感的有价值之物）。陈列架几乎是这类悲惨骗局的固定帮凶，它清楚地表明，可收藏品之所以被收藏，不是因为它们本身有价值，它们也并未将自己所有的乐趣带给收藏者，而更多地是因为它们可以供人观看和羡慕。收藏者心中总有一个假想的观众，乞求那名观众的认同正是所有这些恶俗交易的潜台词。为什么会这样？为什么“收藏”这类粗鄙不堪的物品竟成为当代一个如此明显的特征？想究其原因，需要一个部队的精神病学家（连同社会工作者一起）去作出解释。

如果古玩柜里展示的小猫没能吸引你，或者你认为它们不够男子气概，那你还可以收藏剑，或至少收藏“十把高贵的、依原样打造的、从凯撒时代直至20世纪都赫赫有名”的剑，当然，还要外加一个“大方的、带硬木内壁的陈列盒”。这种按比例缩小的手工艺品，其蓝本都来自“国际军事档案馆可靠的官方收藏”。这个档案馆是由“富兰克林造币厂”经营的，而这个工厂是这类恶俗可收藏品最精明的销售者之一，对这一点，广告活动组织者之外的人都鲜有了解。就像其他有价值的系列物品一样，你“订购”的这些剑每三个月会送来一把，为此你要支付 120 美元。等你收藏了全“套”的剑，你也就掏出了 1200 美元，但一想到自己是更高级的收藏者（收藏更具男子气概的物品），并很周到地为后代留下了有价值的遗产，你也就心满意足了。

对男子气概的需求还可以从一些桌子大小的恶俗雕塑中获得满足，这种雕塑通常由“纯……”（也就是“假的”）青铜制成，肯定也是那种多愁善感的、充满艺术性的四流产品。比如“以斯坦利 · 贝尔菲尔德（Stanley Bleifield）的雕塑原件为蓝本制造的‘孤独水手’雕像（*Lone Sailor*）”，刻画的是 8 或 15 英寸高的美国水手，双手插在厚呢大衣口袋里，看上去既不英勇，也不机智，反而很无聊，并且毫无个性。（大型原件就已足够恶俗了，所以才会被华盛顿海军纪念馆预定。见“恶俗的公共雕塑”。）虽然 15 英寸高的复制品要花去你 1500 美元，但如果借此能买到一个艺术品收藏家的名声，这代价也不算大。

还有一种 17 英寸高的“青铜杰作”，出自著名的“西部”雕塑家巴克 · 麦凯恩（Buck McCain，“他那分毫不差的精确性获得了评论家的高度赞扬”）之手，刻画的是一个骑在马上的克罗族印第安人高举着一个水牛头骨，正“为治愈灵魂而庄严地祈祷”。还有一种查尔斯·麦克唐纳（Charles B. Macdonald）的“纯青铜”雕像，麦克唐纳是20世纪著名的高尔夫球员，这一雕像的原作出自“伟大”的阿尔弗雷德·佩蒂托（Alfred Petitto）之手。仿制的雕像有8英寸高，身着高尔夫球裤、茄克衫和帽子，丑得难以形容。如果青铜都不能投“雕塑”收藏者所好，或许“水晶”可以：

> 现在，鉴于人们如此喜爱优质水晶和美丽的鸟类，沃特福德公司荣幸地推出水晶鸽，首发一种全新的雕塑收藏品。

这种3英寸高、制作极其粗陋的玻璃鸟将从收藏者手中叼走61.75美元。但想一想，你最终买到的是还未出生的后代的感激，那就不算贵了：“对收藏者来说，给自己的珍藏增加这么一件有价值的独特收藏品，必将为后代所珍视并感激。”

当然，女士们比先生们更有可能迷恋水晶鸽，但也不能忽视男性的自尊心。“水晶”的形式可以千变万化，既可以吸引品牌势利眼，也可以吸引艺术势利眼。花1195美元，你就可以“收藏”一辆15英寸长的宝马750iL轿车实心玻璃模型，这一收藏能“唤起名车鉴赏家和水晶鉴赏家针对收藏品所能想象到的所有特性：力量、声望和完美。”（这又为精神病学家提供了两点线索。）这台玻璃轿车是一件只提供给“最挑剔的收藏家”的“艺术品”，由于它是“在宝马汽车设计师的精心监督下制造的”，其可靠性因此而获得了绝对的保障。

可收藏品生产商认为男性收藏者都缺乏适当的怀疑和自重，所以会花 33 美元买一只 9 英寸高的“收藏型啤酒杯，用精细的陶瓷手工制成，是一件‘限量版传家宝’”。其实，这种杯子只是百威啤酒的一个沉甸甸的立体广告，杯子上用彩色浮雕刻着百威啤酒制造商百威英博（Anheuser-Busch）的商标和“啤酒之王”的字样。即便这只是一个广告，它也对未来作了深刻的了解，它知道，所有收藏者的“后世”子孙都跟收藏者一样，认为这种淡得像水一样的平民啤酒极其可口。

另一方面，女性收藏者最容易被昂贵的“收藏型玩偶”诱惑，这种玩偶一般要卖大约 250 美元，配有专门的陈列架。这样的一整箱东西，能刺激广告文案撰写者创作出最精美的文字艺术。有一种玩偶激发出了这样的文字：

> 她长长的丝制头发装饰着人造珍珠，金光闪闪，如瀑布般一直垂到脚边。

对于忠实的电视观众而言，还有一种 14 英寸高的“斯伯克先生”[①]玩偶，售价仅 75 美元，“一丝不苟地用细瓷手工制

---

① Mr. Spock，1966 年开始播出的美剧《星际旅行》（*Star Trek*）中虚构的一个人物。——编者注

成”，玩偶身穿“特别合身的制服”，将与“专有的、作家庭陈列用的陈列架”一起送到你家。但这只是“星际旅行玩偶收藏品”系列的第一件“出品”，只要后续的玩偶一出厂，你就可以陆续买到，直至你家客厅的陈列架上放满这类玩偶。玩偶收藏者可能同时还收藏芭蕾舞者、鸟类和更讨人喜欢的动物“瓷雕”，前面提到过的华盛顿那家著名的恶俗酒店（见“恶俗酒店”），就非常自豪地展示他们收藏的、出自可怕的“瓷制品第一夫人”海伦·贝姆[①]之手的鸟类瓷雕。

在这些精神病学家会称之为“**炫耀欲**”（展示欲）的案例中，收藏者想展示自己拥有的俗艳物品的强烈愿望，生动地揭示了中产阶级的“收藏者”灵魂。收藏者希望传达给观众的东西（他们很精通）和实际传达的东西（他们上当受骗了）之间存在的鸿沟，是所有称得上恶俗的现象所特有的。

中产以下的阶层中也有收藏者，不过他们更热衷于糟糕的物品而不是恶俗物品。一个典型的例子是得克萨斯汽车经销商杰·巴腾菲尔德，他展示了自己的 20 万粒珍珠藏品——红、白、蓝色的珠串，“每一粒都是尽人皆知的珍贵宝石”；还有一些小块的金银，以及“许多出自收藏家之手的 200 年以上的珍品”。他在哪里展示自己的收藏呢？原来，这些藏品都满满地挂在他那辆改装的 1963 年产雪佛兰 Corvair Monza 车上：这层琳琅满目的装饰为这部车增加了一千多磅

[①] Helen Boehm（1920—2010），美国陶瓷雕塑家，1950 年与其丈夫——陶瓷雕塑家爱德华·贝姆一起创办了贝姆瓷器工作室，其产品被英国女王、美国总统、教皇和各大博物馆收藏。——编者注

的重量，并引来广大得克萨斯观众的羡慕。如此劳碌的收藏、展示与恶俗之间的区别，就在于杰·巴腾菲尔德并没有假装自己是一个有品味的人，可能也不打算为其后代的利益考虑而珍藏他的 Corvair 车。

“我思故我在”一度是 17 世纪欧洲人奉行的人生哲学，20 世纪晚期的美国人奉行的是“我消费故我在”。但这一说法并未触及实质，除非我们说：“我收藏故我在，我的孩子们也一样。尽管现在他们视我如粪土，但总有一天，他们会为我现在花费高昂代价，替他们收藏的有价值的传家宝而感激我。”

恶俗标识

为了方便所有人阅读了解并作出反应，公共信息不应该采用异常、符号化或象征性的形式，也不应该用神秘难解的标识表示。糟糕的标识都是亲昵、内容勉强达意的东西，都会轻率、不严谨地使用所有格符号（’），比如Watermelon’s[①]；或采用土拼法，比如potatoe[②]；或使用引号表示强调，比如：

绝对“禁止擅自闯入”

这类标识绝对无害，从长远看也无损人类的本性。

极其不同的是恶俗标识。它们公然冒犯他人，以伪精确、委婉含蓄、公然欺骗和做作为特征。最著名的恶俗标识也许

[①] 标识想表达的意思是“西瓜的”，但西瓜不能用所有格符号。——编者注

[②] 马铃薯的正确拼法是potato。——编者注

是多车道高速公路上的这种标识:“请勿横穿中央隔离带”(DO NOT CROSS MEDIAN DIVIDER),及许多啰哩啰嗦的变体。这个句子有 9 个音节(见“恶俗语言”),相比于 4 个音节的“请避开绿化带”(KEEP OFF GRASS STRIP)和 3 个音节的“请避开草”(KEEP OFF GRASS),甚至简单幼稚的“请勿横穿”(DO NOT CROSS),在分量、长度和浮夸度上都更胜一筹。(司机们读这个标识时,驾车时速应该是每小时 80 英里。)

但至少,这类恶俗标识不会引发太多的混乱。为了给商业地址设计独一无二的名头,有人会采用既自命不凡又做作的地址,并假装这些神秘的地址很清楚,因此,这类地址可以称为“虚荣地址”。比如一块大招牌上写着“小溪地六号”(从不用简单的“6”),实际上就是桔园大街 1435 号;还有一块牌子写着“佩恩广场五号”,实际上是胡桃街 1617 号。电话号码簿往往还保留着一些诚实,会提供确切的地址,但有时也喜欢阻挠寻路者,使寻路者不得不打电话问要找的公司:“你们**到底**在哪儿?”虚荣地址聪明的设计者们还能想出更含糊不清的名头。比如,由于 1 号公路穿过新泽西州的北部,旅行者就会在路边看到一栋建筑,上面非常时髦地标着“牙科广场一号”。旅行者该怎样才能猜到这其实是新泽西州 1 号公路 475 号富兰克林停车场呢?

我们还越来越多地看到另一种伪精确的恶俗标识,就是不加解释地滥用缩写和首字母缩写,这一标识的效果是使所有人的生活都变得更艰难。这类标识或公告会阻碍人与人之间的沟通，比如美国红十字会设计的这块标识：

（一个婴儿举着一块牌子，上面写着：）

请抱抱我，喂我吃的，给我温暖，请了解美国红十字会婴幼儿 CPR[①]——这很重要！

标识上没有任何 CPR 的说明。如果不告诉我们 CPR 是什么，我们怎么会了解呢？由于某些原因，健康行业特别热衷于3个字母的炫耀式谜语。比如 HMO[②]，我不得不问了20个人，才有一位知道底细的好心人告诉我 HMO 的意思。再有，一辆城区公共汽车上的广告写着：

你怀孕了吗？
MSP[③]为孕妇提供免费的健康护理。

广告设计者特意不言明 MSP。这类首字母缩写的用意，是使广告设计者如愿以偿地显得“很现代”，甚至“很科学”，有时还引人注目地具备了“军事化作风”。但其真正的功能是恶俗，而不是沟通。同样的，一些含蓄、自我感觉良好的

---

① cardio pulmonary resuscitation 的缩写，指心肺复苏术，美国红十字会提供此类急救培训。——编者注

② health maintenance organization 的缩写，指健康维护组织。——编者注

③ master of science in pharmacy 的缩写，指药剂学硕士。——编者注

的标识牌向“老年公民”承诺了一些美好的服务，却不说明“老年”的具体范围：是55岁以上的公民？还是60岁？63岁？65岁？70岁？或者70岁以上？不幸的老年公民们只好挨个问一遍标识牌的意思。如果看到公共汽车或地铁上写着这样的标识：

非高峰时段，老年公民乘车免费

可怜的老年人就更糊涂了，没人跟他讲高峰时段是哪个时间段。当然，餐馆和酒吧里“请衣着得体”的标识牌也是类似的导致困惑的东西。要猜出它的意思，就必须了解标识牌制作者所属的阶层和背景。他指的“得体的衣着”是T恤衫、卡其裤？或者夹克衫配领带？或者商务套装？还是别的？也许是洗干净并熨烫过的李维斯牛仔裤？也可能这块牌子只是说：“如果我们碰巧看你不顺眼，根据这张公告，我们有权将你扔出去。”虽然他们说不明白确切的意思，却早已为恃强凌弱准备好充分而含糊的理由了。

等你费了好大的劲儿，顺利地通过了那块牌子，深入到餐馆或酒吧内部后，你就可以判断那里的“厕所羞耻度”级别了。所谓“厕所羞耻度”，是指餐馆或酒吧周到地隐藏内部的厕所，这就要求厕所必须设计得尽可能狭小、不显眼，或钉上最容易误导顾客的指示牌。在一切都公开的美国，如果你想采用法国**公厕**那种不知羞耻的成人做法，从里到外都看得清清楚楚，就必须学会将令人害羞的厕所隐匿起来。当然，这么做往往不仅出于羞耻心，还为了阻止穷人、疯子、流浪汉和不消费的路人进来“方便”。（不知道城市里的流浪汉都去哪儿“方便”。）即便“厕所羞耻度”在美国很普遍，在羞耻级别上我们也远远不及中国。很显然，中国人将身体器官看作不宜启齿的羞耻之物，因此中国的厕所根本没有任何标识，并远远地、难为情地藏在最荒僻的背人之处。若非同样有羞耻心，否则人们休想找到那些地方。

你或许会认为，虽然建筑工人因常常冲过路妇女乱喊粗鲁淫秽之辞而臭名远扬，但他们通常是有什么就说什么的典型男子汉，应该没有“厕所羞耻度”，会将厕所直接称作“厕所”。事实如何呢？事实是即便建筑工地上那种带一个洞的可移动厕所也从来不叫“**厕所**”，而是被做作地称为：

便携式洗手间

洗手间皇后

小洗手间

Sani—John[①]

B. F. I.（Biffy[②]的做作说法）

以及类似的称呼。这些厕所的名称与餐馆、酒吧（通

---

① 美国新泽西州一家便携式厕所供应商的名称。——编者注

② 美国一家座便器生产商的名称。——编者注

常是恶俗的）里那些男女厕所的暗示一样做作。这种地方该会对男子气概产生多么严重的挫折啊！这类厕所的某些标识要求顾客在安心打开一扇门而非另一扇门[①]之前，得先相当费力地解读标识牌上的内容。想体现害羞和做作，用“指针”（Pointers）和“孵卵者”（Setters）分别表示男女厕所怎么样？

在做作方面（见“恶俗语言”），以上标识能媲美于华盛顿郊区一些专供乘火车上下班的人使用的停车场的名称。他们将那条只允许乘客短暂停留的车道叫作——你猜猜？非停车车道？仅供短暂停留的车道？非也！标识牌上写着“亲亲就跑车道”。在过去的时代，真正卖弄的做作，比如圣诞节期间休斯顿机场附近的一块标识牌——“生日快乐，耶稣！”，会被视为亵渎神灵而不仅仅只是愚蠢。

与“**厕所**”一样，还有一些词语写到标识牌上会被认为太丢人，将这些词说出来的人也会遭到报应。我住所附近的银行有天早上被抢了，那天余下的时间里银行的门都关着，前门上挂着一块提早为这类突发事件预备的标识牌：

因……原因，本行关门停业，恢复营业的时间将另行通知。

他们刻意空着那个空格，是因为“**抢劫**”这个词说出来

---

① 指进对厕所。——编者注

太可怕了，他们只能暗示某些值得深思的事情发生了。常常有人声称现在是一个“信息爆炸”的时代，根本就不是这样。这是一个注重名声的时代，或者不正确信息爆炸的时代。如果我们看到的信息类似汽车保险杠标贴上的信息，比如“我心疼我的狗”，这类信息假装传播有趣的东西，其实只想表明信息发布者可怜的需要——他们要让这个愚蠢的社会知道，一种自我宣扬的对动物的爱应被置于道德和美德顶端的一侧。

如果人们想到厕所和抢劫都会感到羞耻，那肯定没人喜欢宣扬自己性能力的那类姿态了。近年来，“易读衣着”（艾莉森·卢里[①]的绝妙用词），尤其是印着字的T恤衫，已经由只是将穿着者与可口可乐、科斯啤酒（Coors）或“给他力”[②]等商品的成功联系在一起的可读衣着，戏剧性地发展为一种引人注目（不，应该是“求人注目”）的公开表达了——宣称自己已准备好随时随地跟人胡搞，比如“咱们性交吧！”看来，“**吮吸**”一词及其同根词对于当今的标识性T恤衫而言，已经必不可少了。印第安那州泰瑞豪特市的Verne’s Clambake公司出品的一件T恤衫邀请看到它的人：

一整夜都舔我、吮吸我、吃我吧！

要不是身处这个恶俗的时代，即广告猖獗的时代，难以

[①] Alison Lurie（1926—），美国社会风俗小说家。——编者注

[②] Gatorade，一种运动饮料。——译者注

想象我们会看到这样一件令孕妇动心的T恤衫——齐胸印着“宝宝”的字样，并有一个箭头向下直指孕妇突出的肚子。想将从前属于隐私的东西公之于众的类似欲望，出现在一件印着“**我跟笨蛋在一起**”的T恤衫上，除了这些字，还有一个箭头指向穿着者那不幸的配偶（穿这件衣服时，你必须小心地让你的配偶走在箭头所指的那一侧）。还有一件用来赢得“英勇无畏、诙谐幽默”这一名声的标识性T恤衫上写着：“去钓鱼”。也许有人会想“可真够幼稚的”，但这件T恤衫上印着一个笑眯眯的男子，在池塘边上举着一支鱼竿，在他腰部的下方，他的战利品——一条大鱼，也是他快乐的源泉，正在做一个罕见的口交动作。

纹身又是何时步入公共标识行列的呢？一只小铁锚、“妈妈”字样或只有一行“士可杀不可辱”都尚可谅解，一旦纹身想努力成为别人关注的焦点，它就到了糟糕的边缘；一旦它占据了整片地方，比如胸前盘绕着的大蟒蛇，并暗示“我很有趣，看着我”时，它就变得恶俗了。

各种各样的游客往往是恶俗标识的目标人群和受害者。在穿过新泽西州特顿市德拉瓦河的火车上，你可以看到一块被灯光照亮的巨大标识牌。这块标识牌对做作和押韵的强烈欲望，导致了一场惯用语的灾难：

特顿制造，全世界都可以拿。

（TRENTON MAKES THE WORLD TAKES）

“拿”？是指“买”吗？或者“**用**”？还是“**享受**”？用什么词都行，但肯定不能用“拿”。这就是做作的结果。

另一些导致标识牌变得恶俗的原因是纯粹的愚笨和缺乏想象力。想想美国铁路公司火车站里一些公告牌的不恰当修辞吧，它们会暗中颠倒火车行驶的正常方向，将终点放在前面，从而导致无可名状的混乱和错误。你很难找到一样东西，比东海岸一家大型机场的一块指示牌更能说明美国人的愚蠢和褊狭。这块指示牌是为了欢迎刚到达的外国旅客，并用西班牙文、德文、法文和英文告诉他们该如何使用机场提供的行李手推车。重要的是，你要知道指示牌所在的位置是移民管制区域，乘客们刚下飞机，根本来不及到银行窗口去兑换美元。但要取一部行李手推车，必须先往锁住手推车的机器里塞一美元。指示牌呢？上面却写着“请勿使用外币”。对此，记者克拉克·德利昂说，这是一个“自诩为世界级”城市的二流行为的一个好例子，一个令人难忘的纯粹的恶俗行为案例（见“恶俗机场”）。

或许是因为本土智力训练行业的严重衰退（见“恶俗大学”），越来越多的公共标识都违背了基本的语法规则，使短语与从句相比，能传达的可拆解信息更少了，句子中的从属成分与独立成分相比也是如此。有时，一些经验丰富的作家也会被引诱着写出一些使人难堪的不完整的从句，似乎他们还有话没说完。莫蒂墨·J·阿德勒[①]将他的一本书题名为《我们认为

[①] Mortimer J. Adler（1902—2001），美国哲学家。——编者注

这些真理》（*We Hold These Truths*），由于缺少“**不言自明**”的一类词语，不熟悉留半截句子不说完的读者就会问：“好吧，你认为这些真理怎么了？说具体点儿！”虽然很难令人相信，但也许阿德勒博士是忘了这里的hold指的不是“**掌握**”（grasp）或者“**铭记**”（treasure），而比较接近“**认为**”（regard）的意思。不论出于什么原因，其结果都造成了炫耀且空洞的恶俗。

这种自命不凡的不完整造句的习惯，也许会被精于当代文学理论的人称为“**开放式结尾**”。约翰·阿什贝利[①]的诗用老眼光看很少是“完整的”，其技巧却被赞美为“**不确定性**”。赞美他的人，自然是那些理论家了。另一方面，读者却可能会认为这种技巧是阿什贝利或可贵或无能的证据。“一个人自不量力地写作，就会屁股向下摔倒在地”，这或许是对无能者的非文学理论式表述。这种粗俗说法的恰当性，能在下面的恶俗标识例子中得到证明。这些例子表明，宗教分子和爱国者自不量力的狂热倾向，最终会因滑稽的修辞而导致可耻的失败。如果这些滑稽修辞印在印刷品上，那失败还不算明显；但如果放大成巨大的标识牌，并赫然挂在高楼大厦上，夜晚再打上灯光，这种愚蠢的虚荣就会变得非常滑稽。

这里就有一个突出的例子，当然也是“不确定性”的经典案例。一所大学纽曼中心[②]一幢建筑上悬挂的一块标识

[①] John Ashbery（1927—），美国后现代诗歌代表人物，其诗集曾获得美国国家图书奖和普利策奖。——编者注

[②] Newman Center，世界各地非天主教大学里的天主教同学会，其创办受到19世纪英国红衣主教约翰·亨利·纽曼鼓励天主教学生进入世俗大学的著作的激励。——编者注

牌上写着：

开始时上帝

上帝怎么了？他**干了些什么**？说清楚呀！这类东西必然也会出现在宗教原教旨主义[①]者穿戴的汗衫和棒球帽上：

没有更伟大的爱

与什么相比？**到底说的是什么**？而受到爱国主义情绪诱惑，变得自负、狂妄的人，当然也会像受到宗教情绪诱惑的信众一样，硬将矫揉造作的东西变成废话。为庆祝《宪法》颁布200周年，官方的标语制作者们想出了“开放式结尾”的小把戏，然后将他们的杰作印在成千上万的T恤衫、海报、汽车保险杠标贴、西服翻领纽扣和贫民帽上：

我们人民

少了点什么吧？也许是动词？我们人民到底怎么了？

做作、空虚、闪烁其词，再加上怂恿恶俗作家们在许

[①] 原教旨主义是指这样一种宗教现象：当某种宗教的信徒感到传统的、被人们理所当然地接受了的最高宗教权威受到挑战时，对这种挑战毫不妥协，仍反复重申原信仰的权威性，对挑战和妥协予以坚决回击，必要时甚至会采用政治和军事手段进一步表明其态度。原教旨主义具有极强的保守性、对抗性、排他性及战斗性。——编者注

多读者面前炫耀他们的无知的表现欲，这些都为证明这类标识的恶俗提供了充足的证据。值得注意的是那些爱穿带猥亵字眼的 T 恤衫的人。他们似乎很清楚自己想传达的信息，并对传达这些信息很感兴趣，所以总是能将他们的意思表达完整。不管他们是什么人，至少他们 T 恤衫上的句子是完整的。

恶俗建筑

到处都有大量糟糕的建筑，这类建筑的特征包括：楼梯会领你走向没有门窗的墙壁；有令人尴尬的形状古怪的无名空间，既不是房间也不是走廊，无人知晓设计者的意图所在；天花板只有7英尺高，你只能驼着背拖着脚走在下面；还有既不能让人站着也不能让人坐下的“阳台”；临街的入口没有门廊，也没有小屋檐，下雨天站在那儿必定会淋湿。

以上这些都不是我们要谈的话题。我们感兴趣的是恶俗的建筑，它们如此荒唐可笑，极尽奢华与造作之能事，我们这些仅属二流的人住在里头就会觉得很荒谬。恶俗建筑物就是那些吓人的、膨胀的、自吹自擂的东西，看上去要么像鞋盒，要么像糖果盒。比如坐落在华盛顿特区，专供艺术表演使用的肯尼迪艺术中心，其浮华与自诩的宏伟暗示着它完全是不间断地表演歌剧《阿伊达》的舞台——舞台上有庞大的英雄队列，成群的活大象和活骆驼，每个人都在说话，不，是在歌唱，而他们最有可能唱的，是意大利歌剧。实际上，这种浮夸且令人反感的建筑只适合上演路过本地的小型路边杂耍、愚蠢的百老汇喜剧、衰败的音乐剧，和低级的流行娱乐节目。其夸张做作、长达600英尺的大厅走廊简直就像希特勒总理府内那条爱炫耀的“走廊”。埃达·路易斯·赫克斯特布尔发现，看着整幢总理府建筑，很难不令人想起希特勒和他的马屁精建筑师——“二战”战犯阿尔伯特·斯皮尔（Albert Speer）的品味。

由此看来，当诺曼·梅勒[①]使用**“极权主义”**一词来批判当代建筑的主要潮流时，他可能并非只是信口雌黄。的确，纽约州立大学石溪分校的中心校区和其他许多类似的校区似乎表明德国人赢得了“二战”，此刻正驻扎在美国，并将国家社会主义者的品味强加在了美国的各处建筑上。同样，对纽约世贸中心那两幢毫无魅力、仅仅只是高大笨拙的建筑物的最准确形容就是：**粗暴、霸道**，它们也是希特勒品味的共鸣。它们既乏味又愚笨，只会表现愚蠢和露骨的蛮力，却竟然被普遍认为是20世纪后期世界最主要的成就之一。

但东海岸建筑的“巨大化”表现还比不上西南部的一些城市，比如拉斯维加斯。在拉斯维加斯，你会在尺寸超大的粗陋妓院和商业街的酒店里看到典型的恶俗。拉斯维加斯有一座新的恶俗建筑，就是亚瑟王赌场度假大酒店（Excalibur

---

① Norman Mailer（1923—2007），美国作家，其代表作《裸者与死者》（*The Naked and the Dead*）两次获得普利策奖。——编者注

Hotel & Cacino），这家酒店现在拥有4032个房间，是世界上最大的酒店，超过拥有3150个房间的莫斯科俄罗斯酒店(Rossiya Hotel)，后者曾经是世界最大也最糟糕的酒店之一。在亚瑟王赌场度假大酒店，电话接线生会将“祝您度过庄严盛大的一天”作为结束语（见“恶俗酒店”）。供客人活动的酒店中央地带有一副巨大而俗艳的“亚瑟王城堡”透视图，带有尖塔、角楼、护城河和吊桥，以及类似迪斯尼风格的东西。而走进酒店的客人都被称为“领主”或“女领主”。

这种极度庸俗的体验，很像凝视纽约林肯中心大都会歌剧院的内部。大都会歌剧院夸张的猩红色与金色，流苏与装饰性帷幕，俗不可耐却自诩宏伟，还有由铺张浪费的最新技术制造出的后台、旋转舞台、舞台升降梯，以及由电脑操作的舞台照明，却给那些会因“**标有设计师姓名的毛巾**”这类词而兴奋不已的人们留下了深刻的印象。大都会歌剧院一贯铺张却少有品味，因而称得上是恶俗的一个出色化身。用建筑师罗伯特·坎贝尔（Robert Campbell）的话说，大都会歌剧院与整个林肯中心一样，都是“一种愚蠢的炫耀”。

早在1720年，乔纳森·斯威夫特[1]就曾告诫一位年轻的牧师，布道时不要装腔作势，不要被诱惑着使用抽象词汇和学院派一类的华丽词藻，只为了给听者留下深刻的印象。斯威夫特坚持认为，一名公共演讲者应该以“简练为目标，

[1] Jonathan Swift（1667—1745），18世纪英国著名的讽刺作家和政治家。——编者注

不如此，任何人类创造就都无法达到绝妙的完美”。建筑这一最显而易见、最不容忽视的人类创造，是人们获得自我认识的最为公开的场所。可惜，在实践直率而不炫耀的斯威夫特式简练风格方面，当代美国建筑却困难重重。想想位于伦敦的美国大使馆的正面吧。由于不满意原先简单的、水平展开的宽阔式样——这种式样虽然单调，却还不至于令人作呕———些聪明的改进者竟想到在上面装饰一只巨大而平庸的镀金老鹰，以使所有人明白那里是美国大使馆。这很像华盛顿的越战纪念碑，曾经因有力的表达和简练而堪称一件杰作，后来一帮写实主义者非要在纪念碑边上竖起一些“真人”一样的雕塑（见“恶俗的公共雕塑”），这种行为精确地表明了“美国的种种愚蠢”的动力来源。

在如今被人们视为建筑的钢铁、铝合金或玻璃盒子里，直线是不可避免的，但使用直线其实表明建筑师已经丧失了创造力。文艺复兴时期的建筑师和工匠就已经知道，曲线和圆形表面对于人类自认为敏感、多变、有价值、有趣的需要而言必不可少。平等是新建筑风格颂扬的理念之一。平等也许是好事，但建筑风格方面的平等却是无知的平等,是对某种假设的赞美，即假设没人具备足够的阅历或学识，能欣赏传统建筑细节（比如栏杆、蔓草花纹雕饰、尖顶饰、排档间饰、三联浅槽饰）给人的仪式感。当代建筑含蓄地暗示自己给了使用者和观众一些恩惠，它们想当然地认为，相对于一架只能上一层楼的自动扶梯而言，楼梯已经过时了。自动扶梯无法引发任何想象，被它代替的楼梯却至少还能令人想起西班牙台阶[1]、圣阶教堂[2]、贝尼尼[3]设计的梵蒂冈与圣彼得教堂之间的连廊，以及加尼耶[4]设计的巴黎歌剧院楼梯。显然，这些建筑有许多都使用了创造力所要求的曲线，自动扶梯根本不可能模仿。现在，用来协调室内直角的装饰性曲线也消失了，一如镶嵌着装饰线，配着有趣的铰链、把手和球形旋钮的硬木门，已经被轻薄廉价的平板门取代了。这种门无法引发任何想象，放下来是平板一块，立着时就躲在角落里。就像那种毫无寓意的办公桌，这种门对于它占据的头脑简单的建筑物而言，倒是一件十分般配的家具。

在美国，恶俗建筑之所以如此泛滥，是因为相对于品味和优雅，人们显然会优先考虑金钱和利润。此外，美国也很缺乏建筑评论。英国至少有查尔斯王子会对建筑的丑陋、乏味和涂鸦风格发发牢骚。我们没有这种会评论建筑的公众人物，除了赫克斯特布尔和汤姆·沃尔夫以外，我们也很少有评论家不堕落为商业资本或学院品味的俘虏。我们需要更多批判恶俗的人，说简单点儿，我们需要一位建筑评论界的约翰·西蒙[5]。（见“恶俗工程”）

---

[1] Spanish Steps，位于罗马的西班牙广场，是电影《罗马假日》的拍摄地之一。——编者注

[2] Scala Santa，罗马圣乔凡尼教堂的一部分，28 级台阶相传是耶稣受难，进入罗马巡抚彼拉多的衙门受审时走过的台阶。——编者注

[3] Bernini（1598—1680），意大利雕塑家、建筑家、画家。——编者注

[4] Charles Garnier（1825—1898），法国建筑师。巴黎歌剧院是其巅峰作品，直至今日还有人将巴黎歌剧院称为“加尼耶歌剧院”。——编者注

[5] John Simon（1925—），美国作家、评论家，在《纽约时报书评》、《哈德逊评论》等出版物上发表电影、音乐评论和书评，并为《纽约》杂志做了 36 年的戏剧评论。——编者注

恶俗工程

除非迫不得已，否则美国人不会承认，造就现代世界的一切思想没有一样源于美国，比如达尔文的、马克思的、弗洛伊德的、爱因斯坦的、荣格的思想。我们的特长是建造工程，这弥补了我们在创造性才智方面的贫乏。或许是因为我们无法充分理解事物的价值和本质，所以据说我们天生就会使用技巧和手段。

这个结论只是貌似有理。航空公司设计商用飞机并将它们卖到全世界、把人送上月球等等，美国在这些方面的成功给人留下了这样的印象：美国人擅长于工程和建造。实际上，他们擅长这些就跟他们擅长于控制婴儿死亡率，擅长于阻止华盛顿特区的谋杀，擅长于设立公共医疗保险一样。牛皮越吹越大，美国人的沾沾自喜却很少被事实所动摇。只消看看美国人谈话的方式，你就会以为美国没有人坐过日本或法国的高速列车，法国的高速列车能以每小时 320 英里的速度安全行驶。你可能还会以为，所有美国人都已经选择性地遗忘了空客飞机是英国和法国的成就，而不是美国的，也忘记了维克罗搭扣[1]不是美国人的发明，而是一个聪明的瑞士人[2]思考为什么袜子会粘上东西的结果。所谓的美国成就——我知道提这个会表明个人品味很糟糕——就是**"挑战者"**号航天飞机[3]，带给人们的只有糟糕的制造工艺，无能、不诚实的质量控制，以及制造商为了得到一大笔钱而编造的谎话和借口。

另一项美国成就是引人瞩目、耗资巨大（花了15亿美元）的哈勃太空望远镜。多少年来，这架望远镜一直是这个国家自我赞美、自鸣得意的理由，却在1990年6月被调用时证明不中用，原因是新闻界所说的"镜面瑕疵"[4]。一位科学分析人士说："对参与这个项目的所有人来说，这都是一种难堪。"对这个最不可思议的可耻失败的指责，迅速地在制造商、零件供应商、检查员和国家航空航天局（NASA）之间来回传递，用一位评论家的话说，给这些人留下了"一块丑陋的伤疤"。一位光学专家说："这当然很奇怪，一项如此重大的项目竟然会被一个如此渺小的瑕疵毁掉。"不过，如果我们多注意一下美国工程建造领域的矫饰与事实之间的恶俗差距，这个事情就不那么奇怪了。这种恶俗差距每天都会给人们带来一条令人沮丧的头条

[1] 一种尼龙刺粘扣，两面一碰即可粘合，一扯即可分开。——编者注

[2] Georges de Mestral（1907—1990），瑞士发明家。——译者注

[3] 1986年1月28日上午，美国"挑战者"号航天飞机从佛罗里达州卡纳维拉尔角肯尼迪航天中心的发射架上升空，73秒钟后突然爆炸，价值12亿美元的航天飞机被炸成碎片坠入大西洋，7名机组人员全部遇难。——编者注

[4] 是主镜的形状被磨错了。虽然这个差异小于光的1/20波长，镜面与需要的位置只差了微不足道的2微米，却造成了灾难性的球面像差，使来自镜面边缘的反射光不能聚集在与中央反射光相同的焦点上。——编者注

新闻，比如：

有人发现，一种使用广泛、涂有保护层的胶合板几年之后就会腐烂——屋顶材料的缺陷引发了诉讼

或者：

拆除石棉费用的暴涨[①]使许多学校面临艰难的抉择

或者：

酸性纸毁掉了图书馆里半数的书

像美国人这样物质至上的人类，在管理物料方面应该很有天分，但美国各地想炫耀自己并引人注目的强烈欲望却频频招致灾难。比如 1978 年哈特福德市[②]市立体育馆那个由电脑设计的、虚荣的宽大屋顶坍塌了。第二年，相似的可耻失败又发生了——堪萨斯城肯珀室内体育馆（Kemper indoor arena）造价昂贵的屋顶也坍塌了，而 5 年前这一建筑才获得美国建筑师协会颁发的一项设计奖。这类事情现在已经司空见惯了，

---

① 石棉曾在工业和民用建筑领域被广泛用作隔热保温材料。但在 1976 年，世界卫生组织确认石棉导致肺癌的可能性很高。在拆除旧建筑和设施上的石棉时，工人也会面临石棉一次或二次污染的威胁，需要进行有效的防护，因此拆除费用暴涨。——编者注

② Hartford，康涅狄格州首府。——译者注

至今，每年还会发生大约500起类似的难堪。再举几个例子：1983年，新泽西州刚建成不久、供铁路旅客使用的漂亮的“报纸广场运输中心”整个屋顶都坍塌下来，50吨重的物体砸在一群人身上，造成2人死亡、8人受伤。过不多久，密歇根州庞提亚克市银色穹顶体育馆的屋顶又一次坍塌，原因是它无力承受密歇根州一次暴风雪的重压。

实际上，与世界其他国家相比，恶俗的设计建造更像某种美国特有的东西。最近，陆军工程部队检查了将近4000座堤坝，这些堤坝中的大多数都被认为有散架的危险。其中，988座被证实“不安全”、58座“严重不安全”。如果你住在其中的一座堤坝附近，那就赶紧搬家吧。1976年6月，住在爱达荷州提堂坝下游的人们没有及时搬离，结果大坝决堤造成了11人死亡、2000人受伤以及10多亿美元的损失。

5年前，美国的高速公路桥梁在接受检查时，被发现有40%以上的桥“有缺陷”。1983年，康涅狄格州的一座桥坍塌，使3个轻信它的人丧命。4年后轮到了纽约州：纽约州高速公路(Thomas E. Dewey Thruway)上的一座桥坍塌，造成10人死亡。当然，基础设施不可避免的自然磨损是肇因之一，但毫无想象力的工程和不诚实的偷工减料也该受到指责，除非所有这些大坝、桥梁都是具备非凡能力与诚信的美国人设计建造的。人人都有必要知道，在一些不合格建筑的废墟中，调查人员竟然在钢筋混凝土深处发现了建筑师和工程师根本没想到会有的工人的午餐盒、衣物、垃圾、罐头盒、玻璃瓶和其他没有用的物品。

我们不该忘记华盛顿肯尼迪中心天花板上的裂缝（花了400万美元修复），得克萨斯州奥斯汀市林登·约翰逊图书馆那矫揉造作、富丽堂皇的大理石墙板却是不合格的（检查发现是灌浆时混入了别的东西）。在奥尔巴尼市[1]那个风格夸张的洛克菲勒购物中心里，汽车大楼的大理石外观也出现了类似的灾难，这一灾难引发了一场2500万美元、针对总承包商和设计师的诉讼。此类灾难中最为著名的，还属波士顿62层高的约翰·汉考克大厦的玻璃外墙。直到有几块玻璃墙板掉下来，严重威胁到楼下的行人时，大楼管理人员才发现玻璃不够结实，于是花费800多万美元替换了所有的一万多块玻璃。接着，他们发现这幢大厦还需要一些额外的支撑物以抵御强风，因为它会在风中不祥地摇摆，这又花费了1750万美元。这类事情引发的诉讼数量之多、涉及金额之大，以致只有律师才能从中获利。汉考克大厦起诉了玻璃公司、建筑师（著名的贝聿铭先生）和承包商，这些人又起诉了别的人。据估计，所有诉讼费用超过了1亿美元。

业内领先的结构工程师保罗·魏德林格[2]用“自鸣得意”一词来形容那种自以为毫无问题、却造成惊人后果的态度。懒惰、无知、缺乏想象力，再加上自鸣得意，恶俗要求的所有条件就都具备了。这些频繁发生的灾难被轻易地归咎于“天气”，实际上却是由潜藏在背后的幼稚的乐观和商业欺骗所引发的。

---

[1] Albany，纽约州首府。——编者注

[2] Paul Weidlinger（1914—1999），业内著名结构工程公司——魏德林格事务所（Weidlinger Associates）的创办人。——编者注

在《财富》杂志上，沃尔特·麦奎德[1]引述了一名建筑师的话，该建筑师将某个灾难的大部分责任归咎于生产商提供了不正确的产品说明书。麦奎德说："他们认为一堵墙只要能顶住时速42英里的风力，就说明性能很好了……但我们都知道，美国几乎所有城市都会不时刮起时速70英里的大风。这真是一个悲剧性的笑话啊。"这一观点最近有了一个很好的注脚：在一场"出人意料"的大风中，一栋教学楼的墙倒了，砸死了数名儿童。

鉴于我们在钢铁生产领域有长久的经验，美国的冶金技术看来似乎是我们的强项之一。人们或许会认为，我们用在建筑上的螺栓一定是全世界最好的。大错特错！堪萨斯城肯珀室内体育馆屋顶的坍塌，部分原因就是悬吊架上的螺栓不合格。还是在那个不幸的城市，螺栓的不合格还间接地导致了凯悦摄政饭店大厅上方那条卖弄的走道的坍塌，这一灾难造成了114人死亡。没有人会想到，由于一枚将喷气式引擎固定在机翼上的螺栓有缺陷，最终导致了1979年芝加哥一架DC-10客机的坠毁。这起事故对图书销售行业而言是一场灾难：273名遇难者中，有许多人是前往西海岸参加一个出版商会议的。

这类事故的频繁发生对新闻工作者而言也很不幸。如果他们的文字处理机能一下就打出**"坍塌"**这个词，而不必一个字母一个字母地打，那就比较节省时间了，因为这个词在新闻

[1] Walter McQuade（1922—1994），美国作家、建筑评论家。——编者注

中出现的频率实在是太高了：

- 得克萨斯州布朗斯维尔：“一栋建筑的屋顶坍塌，至少造成11人死亡。”
- 纽约市：“三十街的一栋建筑坍塌，造成地铁和火车停运，10人受伤。”
- 西弗吉尼亚绿岸[①]：“巨型望远镜坍塌，美国太空探索事业因此受到极大的挫折。”
- 田纳西州科文顿：“一座桥梁坍塌，造成7人摔死。”
- 加州长滩：“无人知晓是什么原因引发了7月2日加利福尼亚州立大学独奏厅的坍塌……当时大厅里空无一人，120吨重的钢铁和钢筋混凝土砸向地面，砸碎了两架大钢琴。”

“废墟”是新闻报刊印刷中另一个很实用的铅字，看看下面这段图片说明：

昨天，一块20吨重、耗资120万美元的记分牌在被吊向顶棚的过程中坠落……成为一堆废墟，躺在北卡罗来纳州夏洛特体育馆的地板上。这座体育馆是新建的，耗资5200万美元。

---

① Green Bank，美国国家射电天文台在此地建有世界上最大的可移动射电望远镜。1988年11月，在一场风暴中，望远镜因支撑板突然损坏而坍塌，之后才重建了现在这座约43层楼高、直径110米的望远镜。——编者注

“混乱”也是我们经常在新闻中看到的词：

为航班乘客服务的电脑陷入混乱

1989年5月13日。全国最大的航空机票预售系统……昨天不慎死机近12小时，使全国约1.4万家旅行社的运营陷入混乱。

将汽油桶埋在加油站的地下，将洗涤剂埋在干洗店下面，真是了不起的创意啊。这样就能完全避免地上存储可能产生的危险，这些东西存储在地面上的话，一星火花或一根点燃的火柴都有可能引发爆炸。然而，在南加州，由于人们没有料到这些埋在地下的汽油桶会不可避免地生锈，并被腐蚀，结果导致了大范围的饮用水污染。《洛杉矶时报》上还有几个例子：

戴维斯城：一处加油站漏出了3.5万加仑的汽油，污染了加油站100码以外的一处水井。

科恩县格伦维尔：1985年……发现一条宽1/4英里的汽油泄漏带，7处水井被污染。

埋在地下的洗涤剂也会被腐蚀：

莫代斯托市：一家开业很久的洗衣店有4桶洗涤剂泄漏，渗入土壤和地下水中……市政厅花了100万美元清理。

如此种种，不一而足。如果这些事故责任人都受过教育和训练（见“恶俗大学”），他们本该有更灵活的想象力，能预料到埋在地下的存储桶将发生什么变化，并且他们忠诚的对象会是物料和人，而不是汽油公司和加油站。这一推理应该不至于离题万里吧。

同样，那些建造、保存核能与核武器设备的人本该有更开阔的眼界，而不是死盯着当前的“外国石油威胁”或哪个国家拥有百万吨级核武器的谬论，并认真对待当地居民的白血病发病率。目前的形势太令人沮丧，我都快说不下去了。对可怕的核区域那恶俗的工程建造感兴趣的人，可以参阅泰迪·米尔恩（Teddy Milne）的《看不见的大屠杀：一份有关核事故、核泄漏、管理不当和掩饰的令人遗憾的记录》（*The Unseen Holocaust: A Sad Record of Nuclear Accidents, Leakages, Mismanagement and Cover–ups*，1987年）。归根究底，我们应该将核废料处理的丑闻归功于工程师们。在自以为是地开始整项疯狂的工程前，他们似乎从未好好规划过。不过在美国，至少有一点值得欣慰，大多数工程企业都有固有的缺陷，这反而带来了令人惊喜的一线希望。比如，最近调查发现近1/3的洲际导弹要么不能用，要么永远无法击中目标，这让无数惊恐的欧洲人如释重负，并暴露出冷战中美国借以获得荒谬主导地位的工程优势是多么地虚假。

纽约市备受吹捧的新型公共汽车Grumman Flxibles（这个车名就体现出了典型的做作，见“恶俗语言”）暴露出的问题，不过是全国乃至全世界同类问题的缩影。这种车采用的聪明设计是为了节省燃料，使残障人士也能坐，还有舒适的空调，并且全由电力驱动。可惜，这种车的轻型构架一上路，几乎马上就发出了疲惫不堪的“噼啪”声，并使驾驶出现异常。纽约交管局最后只好报废整批637辆汽车，9200万美元就这样打了水漂。

要找出此类过失及其他许多过失的原因，我们就不该低估文盲们的贡献。他们需要制造业和建筑业提供的工作，而为了得到工作，他们必须假装能读懂说明书，并假装依照书面指示作业。当然，许多人只能弄虚作假，于是导致了桥梁和屋顶的坍塌。一旦焊接不牢固（比如阿拉斯加输油管道），整项工程就无法运转。如沃尔特·麦奎德所说：“讽刺的是，我们生活在一个拥有伟大技术天才，但人们的工作能力却普遍低下的时代。”换种说法，麦奎德可能想指出，一种装腔作势的技术正在超越人类驾驭它的能力，甚至能使所有人不对它产生怀疑。

恐怕很少有人愿意回顾汉谟拉比法典[①]为鼓励人们具备称职的能力而立下的法规：

> 如果一个承包人为一个人建了一所房子，房子建得不够结实，坍塌并导致房屋主人死亡，该承包人就应该被处死。

---

① *Code of Hammurabi*，目前所知的世界第一部比较完整的成文法典，由古巴比伦国王汉谟拉比（约公元前1792—公元前1750年在位）颁布，用楔形文字铭刻在石柱上。——译者注

如果房屋坍塌导致屋主儿子死亡，该承包人的儿子就应该被处死。

这一残酷的解决办法，至少有助于避免这种普遍的美国式后果——建筑不合格，律师们却因此而暴富。

最后，知道这一点很重要：其他国家的工程建造也跟美国一样糟糕，比如最近的头条新闻："100 人死于印度火车坠桥事故"。但他们只是糟糕而已，还够不上恶俗。因为没有印度人说印度是一个技术狂热造就的奇迹，并因此成为世界其他国家嫉妒的对象（见"恶俗建筑"）。

恶俗的航空公司

美国是世界上唯一一个航空公司私有制的高度工业化国家。这就意味着，攫取利润的需要和随之而来的弄虚作假将决定这些航空公司的运营，使他们大规模地致力于恶俗的行为。他们希望我们——他们的顾客，极端不开化，就像分不清食物，看不出带湿气的干洗衣物一样，全然分不清舒适与痛苦；他们还希望我们没有记忆，这样就能在我们的意识中彻底抹去 1987 年西北航空公司机组人员那次难以解释的失误——飞机从底特律起飞时竟打不开襟翼，导致 156 名轻信航空公司的人丧生。因为公众无知，航空业得以蓬勃发展。所以他们还希望我们不了解历史，不知道在“二战”后乘飞机旅行迅速平民化之前，这曾是多么讲究的一件事，至少是令人愉快的。说起 1930 年代的一次飞行，保罗·鲍尔斯[1]回忆道：“我有自己的

[1] Paul Bowles（1910—1999），美国作曲家、作家、旅行家。——编者注

客舱，里面有张床，飞行的大部分时间里我都盖着被单和毛毯睡觉。”乘飞机旅行40年后，他再也不能不清楚地注意到，“世界变得更糟了，”结果呢？“我再也不想旅行了。”

飞机旅行业还希望我们忘记乘火车和远洋客轮旅行曾多么有趣。我们会遇到一些无忧无虑的可靠的人，我们可以跟他们聊天，并与他们保持文明的距离，还可以在不碰到邻座的胳膊的情况下享受一顿真正的食物。宽畅与舒适的确有利于文明人交流而不是沉默或喧闹。诺埃尔·科沃德[①]的一出戏里有一小段很有说服力的对话，更多的人都应该了解：

“你的飞行愉快吗？”

“嗯，从航空学角度看，这是一次巨大的成功。从社交角度看则留下了太多的不足。”

从纽约飞往佛罗里达南部航班的社交条件可能是最差的。据记者约翰·阿诺德（John Arnold）报道，坐这班飞机去度假的纽约人可能包括“胡言乱语的醉鬼、毒品走私者、定期迁徙的小偷、异装癖、精神病人、南逃的已决犯，还有一个相信自己是猫王的男子”，这个男子会在自己的照片上签名，然后当成猫王的亲笔签名照分发给众人。乘坐火车或客轮时，你尚能通过惯常的社交手段——以约定俗成的社交礼仪为由挪到一边——摆脱一个乏味的人（相比其他国家，美国培育了更多这

[①] Noël Coward（1899—1973），英国演员、剧作家、流行音乐作曲家。——编者注

样的人），但这种社交礼仪已经快被遗忘了，现在想这么做也完全不可能了，因为在飞机上，你跟你的邻座挨得很近，每次飞行你都有可能被乏味的邻座打扰到。

如果我们真的生活在人们常说的信息时代，那航空公司对这个时代的贡献就是微乎其微的。泛美航空公司当然不想让如下消息传播得太广：1980 年代的 5 年间，这家公司因违反安全条例被联邦航空管理局（FAA）罚款逾 10 万美元；泛美航空公司可能也不想将另一个消息公之于众：1988 年，在 19 名 FAA 工作人员到泛美检测保安措施期间，一些军火走私者在没被发现的情况下直接登机了；即便东方航空公司无法阻止我们知道，在 1990 年的 7 月，9 名公司管理者被控 60 条罪状，称他们为了多挣钱而掩盖飞机保养方面的过失，这家公司也不想公布如下消息：它因为违反 FAA 安全条例，已被罚款 900 多万美元。这也难怪东方航空公司会破产并绝迹于恶俗世界。

不论从哪个方面看，航空公司都是一流的恶俗剧场，里头很少有真东西。在美国航空公司的一架航班中，我听到乘务员说："为了方便旅客，本机划分了吸烟区和非吸烟区。"事实上，他们这么做并非**为了方便旅客**，而是因为**联邦政府的法规有这种要求**。这一歪曲事实的说法与所谓宽机身飞机的欺骗性宣传如出一辙。当某位天真的旅客在一个广告上读到"我们拥有欧洲航线上机身最宽的飞机"时，可能会以为宽机身飞机是航空公司对旅客的恩惠。事实恰恰相反，这种飞机会设置更多的座位，即便旅客会因此感到更不舒服，航空公司却能挣更多的钱。在一架宽机身飞机上，航空公司往一个普通中产阶级起居室大小的空间里硬塞进了60个人。令人惊讶的是，航空公司总能成功地使他们的旅客相信，狭窄的空间是为了保障旅客的利益。当一家航空公司说起它的波音747飞机有多“宽敞”时，哪怕最不聪明的旅客也会很快意识到，对所有旅客来说，空间都会变得更少，服务会更糟糕，整个旅行会更不舒服。但环球航空公司的广告却这么说：“我们从不马虎对待飞行中旅客的舒适问题，请尽情享受……我们宽敞的宽机身飞机上的全方位……服务。”的确，越“**宽敞**”，排队上厕所的队伍也就越长。

此类恶俗是航空公司特有的，这在地面服务上也很明显。售票员们显然训练有素，善于掩盖延误的起飞时间和取消了的航班，以免你在察觉到这一可怕的真相之后会转乘另一家航空公司的航班。你飞的次数越多，就越了解真相，航空公司就是当今商业欺诈的主要源头之一。即使是在美国，与大多数事情相比，航空公司的形象与事实之间的差距也更能造成民众的幻灭。试想一下，一个正派而容易轻信的人第一次坐飞机去欧洲，他被恶俗的航空骗局说服，以为欧洲之旅既潇洒舒适又便利。结果这个天真的人遇上了漫长而混乱的检票队伍、延误很久的起飞时间和随之而来的欺骗性托辞。然后他发现自己预定的座位是一排9个座位中的一个，并且十分狭窄，排与排之间的狭小空间根本不允许他的腿摆出任何一种舒服的姿势。再试想一下，飞机上强迫旅客观看的电视机一打开，这个人就不得不成为商业广告的俘虏。那些广告既推销免税商品，也推销一种观念，即他正乘坐的飞机是舒适与时尚结合的奇观。当他看清所有这一切时，会有什么想法掠过这位可怜旅客的脑际和心头呢？而这一切只不过才刚刚触及恶俗航空公司的皮毛。（见“恶俗餐馆”）

某些航空公司会随航空餐发放一些小卡片，上面写着他们建议旅客们使用的饭前祈祷词，似乎航空公司经营的是对上帝虔诚的事业，而非虚伪的赌注事业。对于航空公司的这一行为，上帝肯定会加以惩罚的。最好还是发放一份祈祷词，让旅客祈祷 FAA 能更严格地检查航空公司，政府也能重新实施反欺诈广告法。

恶俗机场

机场一开始只是糟糕，后来才变得恶俗。正如航空公司不会将他们的恶俗行为公之于众一样，国际航空公司飞行员协会也不会公布他们了解的存在危险的机场。举个例子，洛杉矶国际机场是最糟的机场之一，因其“重大缺陷”被飞行员们赠以“黑星”的美名。主要的缺陷就是这个机场的减噪规定，这一规定要求夜间着陆的飞机必须使用一条照明极差的跑道，跑道上还常常刮起顺风。毫无疑问，即便对于受过训练、能在风中着陆的飞行员而言，这也是一种令人提心吊胆的新奇体验。

另一个可怕的机场是华盛顿特区的国家机场。由于跑道过短，这个机场要求飞行员必须在着陆前的最后时刻完成复杂的操作。航空安全协会的约翰·加利波特如此总结：“真是一团糟。”但航空业不太愿意将此类信息告诉给民众，唯恐你知道后就开始支持全国高速铁路的发展，就像欧洲那样。芝加哥的米德威机场坐落在一片拥挤的居民区中间，其特色也是跑道过短，并且只在其中一条跑道的末端建有一堵醒目的混凝土墙。这堵墙对于邻近居民紧张的神经而言，的确是一道坚固的屏障，可对于一架正在着陆、制动器很差的飞机来说，就是一个威胁了。与圣迭戈市中心那个臭名昭著的圣迭戈国际机场相比，芝加哥米德威机场的这些设施还算安全便利。在圣迭戈国际机场着陆，你可以看清机场边上高楼办公室窗户内的情形，因为这个机场的跑道也很短。

旧金山国际机场的问题不大一样。你会在那里看到一条条靠得很近的平行跑道。飞行员被要求在这样的跑道上同时着陆，以减少航空交通拥挤，最大化每架飞机的利益。正如麦克尔·沃克（Michael Walker）在《间谍》杂志[①]上提到的，这样“翼尖挨着翼尖”着陆，纯粹是在制造恐怖，在玩命。不过，沃克也说，公众别指望能了解这些事情：“我们的机场到底有多适合飞机起降，这不是常规意义上能与公众分享的信息。”瞧，这就是所谓的信息时代。

以上机场还只能算是糟糕。恶俗机场则不同，他们往往会散布一些说法，试图给人们留下这样的印象：机场是完善的、合理的、舒适的，且与时代的发展同步。在《航班旅客手册：航空飞行、飞机和机场完全指南》（*The Air Traveler's Handbook: The Complete Guide to Air Travel, Airplanes, and Airports*，1989年）中，我们有幸见到一

[①] *Spy*，1985年由后来担任《名利场》杂志主编的戈莱登·卡特创办，专揭名人隐私，以辛辣的讽刺和吸引人的独家报道见长，六年后因财政状况不佳被出售。——编者注

幅所谓的“航站楼解剖图”。从这幅图看，航站楼即便不如田园牧歌般美好，至少也是理想的，但却与人们实际看到的毫无相似之处。比如图上有一个医疗中心，只要需要，你甚至可以在那儿接种牛痘。此外，它还向旅客保证“大型机场还设有手术室”，里头的餐馆“常年 24 小时为大众开放”，据称还有旅行社（我从未在美国的机场里见到过旅行社。只有当你获悉前往克里夫兰的航班已被取消，正急于了解还有没有别的办法时，旅行社或许才会友好地冲向你。）。图中描绘的理想机场有正常运行的自动门和扶梯，还提供“淋浴和盆浴”，哥本哈根机场的确如此，美国的机场就不是这样了。

美国的机场不仅缺乏便利设施，连可以坐的地方都很少；并且到处都在播放可怕的唱片音乐；并且没有时钟能让来自不同时区的旅客了解当地时间（又是信息时代）；公共广播也含糊不清，使人们时刻担心会错过重要的内容；机场里还有一排排被破坏的电话机，电话间的地板上有时还有尿迹；机场里只卖糟糕的地方报纸，仿佛那些远道而来的人跟当地人一样愚蠢；操作 X 光安检机的安检人员居然还有空嘻嘻哈哈地闲聊；而当你费了半天劲（通常要花 20 分钟），终于挤到“外币兑换处”的窗口前时，才发现那儿根本就不兑换兹罗提、第纳尔或土耳其镑[1]，工作人员甚至从未听说过这些货币。

---

[1] 分别为波兰，南斯拉夫、阿尔及利亚、伊拉克、伊朗等国，和土耳其的货币单位。——译者注

真正恶俗的机场还有一个特点，就是愚蠢地布置离境设施，以致你在“登机通道”里走得越远，那些必要的设施就越少，而机场方面连一声提醒都没有。往回走不被允许，你只能继续前进，这样你就远离了银行、售报亭、酒吧、厕所等设施。终于，他们让你停下来了，但不是让你登机，而是原地再等候个把小时（突然发现飞机出了“机械故障”）。你非常清醒地待在那儿，口袋里塞满了你根本不想要的陌生货币，没有可读的东西，甚至无处可以小便，你就这样被拘禁在“候机室”里了。可以想象，这个“候机室”真的就只有躺椅[①]那么宽。婴儿在哭，站着的人从一只脚换到另一只脚，无聊的人则准备好要上演他们的全套把戏了。

《航班旅客手册》里确实有一章叫“愉快之旅”。我们应该能找到一些线索，看出恶俗对此处和该书“鸣谢”部分的入侵。在该书的“鸣谢”部分，你会看到该书表达了对波音商用飞机公司、艾维斯租车公司、托马斯·库克父子公司[②]、美国格鲁曼航空工程公司、泛美航空公司、环球航空公司，以及纽约港务局和新泽西港务局的由衷感谢。

最后，我们来说一说约翰·肯尼迪国际机场，它或许是全美最糟糕的机场，并且完全是不受管制的自由企业混乱经营所造就的不朽杰作。机场里有几栋分散的建筑负责不同的航空公司，却没有清晰统一的通讯系统。多萝西·斯道克是一名记

---

① 英语中“候机室”和“躺椅”均可用lounge一词表示。——译者注

② 成立于1865年的一家英国旅游公司，也称为通济隆旅游公司。——编者注

者，要从纽约飞往维也纳，原打算在飞行途中用自己的笔记本电脑写点东西。直到登机前，她才被告知不能携带电脑上飞机，以免爆炸。她发现机场既没有行李寄存处，也没有带锁的存储柜（好几年前存储柜就被拆除了，以避免精神失常的人往里面放炸弹），“在绝望中”，她不得不打电话给一个朋友，让她朋友到机场来取走她的电脑。从那次经历和许多其他经历中，斯道克小姐总结出：肯尼迪国际机场是“全世界对旅客最不友好的机场”。她说：“因为肯尼迪机场不需要存储柜这种新奇的东西，就像不需要体面的餐厅一样，所以你就别指望能在那儿找到一处安全的存储柜了”，所以机场没有地方存笔记本电脑真的很正常。

所有这一切都被恶俗掩盖着。比如女服务员（又称“空姐”）的微笑；飞行员考究的仿海军制服；广播开始和结束前的信号曲和口号；根本就不是俱乐部的所谓“航空里程俱乐部”；极端不便利和不舒服却被视作“时尚”和“豪华”；还有一些暗示，会告诉你航空旅行远胜于老式轮船旅行和火车旅行。既然这样，你就坐上去，好好享受你的空中之旅吧。

因为你别无选择。

恶俗的海军导弹发射

问：“是谁导致泛美747航班在苏格兰洛克比上空爆炸？”

答：“美国海军。”

问：“怎么回事？”

答：“几个月前，美国海军用导弹打下了一架伊朗的大型客机，这起事故是有人对这一恶俗行为的报复。海军误以为那架民用客机是一架准备袭击的战斗机，这很大程度上归因于他们对浮夸的电子感应和瞄准设备的依赖。还要怪那些被吓得魂不附体的水兵们如此自动地遵从海军条例，绝不让一个吓人的目标靠近到老派军士长能用双筒望远镜看清它的距离。”

问：“这种对浮夸技术的依赖是不是也应该对艾奥瓦号战列舰的炮塔爆炸事件，以及美国海军各式各样的撞船及随后的搁浅事件负责？这些事故令人尴尬，所以海军的活动也停了一阵子。这么做是为了让军官们好好反省，找出问题的根源吗？”

答：“很有可能。其实问题的根源就在于恶俗。”

3. 恶俗的大众传媒

尽管不时会努力掩饰其羞耻心，还装腔作势，电视大体说来仍是贫民媒体。电视最善于推销假牙清洁剂、啤酒、通便剂、汽车和洗涤用品，一旦涉及书籍、思想、历史意义，以及文明对话中所有的复杂性、精妙性和讽刺性，电视就会死得很惨。

恶俗广告

毫无疑问，广告是恶俗的**必要条件**，因为恶俗要靠广告，且只能经由广告获得提升。要识破一个骗局，你就必须在被吹捧为宏伟的表象与其寻常的实质之间保持一大段距离。一个幻灭的消费者买了夸大宣传的商品之后或许会发现这一距离，但绝不可能提前察觉。距离越大，就越恶俗。在佛罗里达州房地产和西南地区对“家”的广告中，这种距离大得惊人，就跟为整形外科、减肥计划、提升自尊心的治疗，以及能用5年的灯泡所做的广告一样。广告中一旦出现“**大减价**”、“超省钱”或“让利33%”一类的字眼，就说明这种距离已经大到几乎无法逾越了。

有些广告的确糟糕，但还够不上恶俗，因为它们很笨拙，无法让人上当。比如随邮件一起送来的貌似高雅的“请柬”，宣布某家脊柱按摩院或牙科诊所即将“隆重开业”，请柬下方的角落里还会彬彬有礼地留一行小字："敬请回复"，这表明他们希望收信人误以为这是"社交性"邀请，而非商业广告。一些寂寞而天真的人真的会回复这类"请柬"，到了"开业"的日期就梳妆打扮一番欣然前往，却没料到自己注定会幻灭。只有到了"请柬"指定的地点，他们才能发现自己的错误。相似的还有欺诈性的"新闻发布"公司，会引诱不幸的收信人花钱将自己瞬间吹嘘成一个幸运的、活跃于镜头前的"新闻"人物。这类假新闻还为新开业的停车场、商店或矿泉疗养地兜揽生意，将那些地方吹捧得似乎都具有震撼世界的意义，还在发放的文字材料抬头写"**即时公布**"，真是令人兴奋。另一种笨得无可救药的宣传花招是广播广告，通常是地毯、男装或珠宝的广告，由全无才气、亦未受过任何播音训练的业主亲自播发，所以常常能听到他们假牙的轻微磕碰声。零售业中的这种广告，相当于在著作权行业里因虚荣心而出书，出书的人自掏腰包，以表明自己是一个重要且有趣的人（见"恶俗图书"）。

由平庸的广告商制作的广播短剧也一样没有说服力，这些广告商以为听众都是十足的蠢货：

（电话铃响了）

"史密斯夫人吗？"

"是的。"

"恭喜恭喜！您申请的5万美元贷款已经批下来了。"

“啊，谢谢你！这真是太好了！”

（对话就此结束，我们当然不会听到后面再跟一句：“是啊，现在你就负债累累了。”）

当然，所有旧的花招也仍在使用，比如诱饵调包兜售法或以下这则“角色招聘”广告。这种广告貌似花费不菲地刊登在一份戏迷们必读的报纸的戏剧版上，专门引诱那些贫困而有抱负的年轻演员：

招聘角色

诚招数百位身材健壮、修饰干净的男性群众演员（身高在5英尺9英寸至6英尺2英寸之间）。入选者将加入逾千人的演员队伍，于6月1日和2日在巨人体育馆演出激动人心的世界知名歌剧《阿伊达》。无需经验！

一切都大有希望了，除了“**激动人心**”和“**世界知名**”这类恶俗字眼可能会让人产生一丝怀疑。想象一下演员们乍看到这份广告时的激动心情（“妈妈，我终于有了一个很好的机会！一切困难都将迎刃而解。我会早早去排队，然后努力得到一个角色”），激动过后，他们就会在广告的最下边读到一行非常非常小的字：

群众演员没有酬劳。

如果你读过弗兰克·康罗伊[1]的《停止时光》（*Stop-Time*），你就会记得那出精彩的Ｙo-Ｙo骗局，一个老骗子让一大帮天真无邪的孩子都上了当。知道这个骗局后，你就会明白为什么年轻人不再过分相信长辈了。

恶俗能通过字体大小来实现，上面的角色招聘广告就是一个例子。更为常见的手法是单靠语言来实现恶俗。判断一个广告是否接近于恶俗，一个可靠的信号是修饰词“**豪华**”是否会出现，比如“**豪华公寓**”。不论这个词出现在什么地方，都是糟糕的标志。当这个词不与“车”(car)而与“**机动车**”(motor car）连在一起时，恶俗或许才最为明显，因为这种仿古说法能为矫揉造作助兴。在汽车交易方面要注意的词还包括“**庆典**”（有时是更实在的“**促销**”）、“**好消息！**”，以及“**让利**”等等。但“**豪华**”一词仍是恶俗词语中最具威力的，可与其他场合出现的“美食家”一词相媲美（见“恶俗餐馆”）。

另一个恶俗的标志是“**设计师**”一词的出现，这个词几乎就是一种警告——羊身上的毛马上就要被剪掉了，消费者马上就要上当了。“**拥有之荣耀**”通常会附着在一些要价极高的东西上，并以我们当中最没有安全感的可怜人为目标。“酒”当然是一个低级的词，“液体”则过于笨拙，二者都不具备“**烈酒**”那样的吸引力，不知怎么的，这个词会令人联想到一个精致的世界，比如令人快活的势利的19世纪。经验表明，要吃

[1] Frank Conroy（1936—2005），美国作家、艾奥瓦大学教授。执掌美国著名的艾奥瓦作家工作坊达18年之久，其著作《停止时光》影响了无数年轻作家，奠定了其美国文学界传奇人物的地位。——编者注

定恶俗的顾客——那些文盲和矫揉造作之徒，**“美食”**、**“烈酒”**一类词很少会失手。这就好比英国人用**“不动产”**来表示土地和房屋，你能学到他们的几分虚伪呢？

有时，恶俗制造者受舆论所迫，会披露产品的真实面目。许多年来，克莱斯勒汽车公司坚称其用于车内装饰的皮料是“科林斯[①]皮革”而不是用来做排球或皮短裤的随便的老皮，从而得以将有缺陷的积压存货倾销出去。该公司最终在《华尔街日报》上供认，它使用的皮革并非来自希腊的科林斯，而是新泽西州的纽瓦克。之所以选用这个名字，是因为一本参考书上提到**“科林斯”**这个词暗示着人们向往的富裕，能吸引那些爱好“科林斯人的‘奢侈’”的人，即便这些人并不“放纵”。顺便提一下，也正因为如此，圣保罗[②]才拿科林斯人当靶子，完成了他最响亮的道德抨击之一，他告诉科林斯人：“人人都说，你们当中存在着通奸的行为……”既已曝光，克莱斯勒公司只好承认，科林斯皮革只是一个词，他们根本就没去过科林斯。

推销产品的恶俗把戏还包括小心翼翼地避免提及价格，这招似乎专门用在那些根本用不着考虑价格的淑女和绅士身上。说起来真让人伤心，如今出版商们也加入了这类传统的冒

[①] Corinth，旧科林斯城是古希腊罗马时期的一个古希腊城邦，以淫靡奢华之风闻名。现在的科林斯位于伯罗奔尼撒半岛的东北部，临近科林斯湾，是希腊本土和伯罗奔尼撒半岛的连接点。——编者注

[②] Saint Paul，天主教称为圣保罗，新教通常称为使徒保罗。他是神所拣选，将福音传给外邦人的使徒，也是历史学家公认的、对早期教会发展贡献最大的使徒。——编者注

犯者行列，就像那些叫卖昂贵衣物和首饰的小贩。过去，恶俗广告的一条规律是不管卖什么东西，都要将产品与漂亮姑娘扯上关系，因此，微笑着的漂亮姑娘会被印在尾挂发动机或打谷机上。如今，要多谢里根主义时代的出现，漂亮姑娘已经被旗帜取代了，尤其是在加利福尼亚州的欧文市、马里兰州的雪迪·格罗夫这类功利的白人和重商主义者云集的地方。那种地方的商业竞争还导致了旗帜肥大症（“我的旗比你的旗大！”）。现在，飘在二手（“曾是别人所有的”）车停车场和酒（“烈酒”）铺上空的旗帜，足有 15×25 英尺宽，旗杆高达 100 英尺，宣告着恶俗展示者毋庸置疑的美国范儿，人们在数英里外就能看到。

如果你想体验伪爱国主义中真正深刻的恶俗，就必须仔细审视那些图谋不轨的公司发布的伪爱国广告。“公共服务”这个词是用来遮掩“私人服务”的。这些广告因其在“公共”表象与贪婪、谋私实质之间巨大且厚颜无耻的鸿沟，已经很接近典型的恶俗了。某个为核能工业游说的团体，希望人们无知到不了解该工业轻视他人健康与生命的不良纪录，却没有勇气诚实地给自己取名，于是自称为“美国能源意识委员会”，并在报纸上刊登广告叫嚷“外国石油”是有害的东西，将“外国石油”描绘得就像一条极其恶心、随时准备袭击人类的眼镜蛇，说它会“毒害美国经济和国家安全”，并得出这样的结论：要拯救我们的国家，保卫我们孩子的未来……就需要更多的核电站，需要摆脱“抑制”已有核电站运行的政府规章制度。你们这些知道切尔诺贝利核泄漏事故的人为什么不闭上嘴巴，让我们赚我们的钱呢？照他们的说法，“危险”的根源并不是核电站，而是“进口如此多的石油”。

还有一个极端恶俗的更坏的例子，是香烟行业的爱国主义。某家精明的公司竟与国家档案馆一起称赞《权利法案》，不知用了什么手段，还把莱赫·瓦文萨[1]请出来支持“个人自由”。其实，这种自由就是用甜言蜜语去哄骗不太聪明的同胞，让他们自愿沦为尼古丁毒瘾的奴隶。有人引述瓦文萨的说法：“我不大确定，美国人民是否真的明白他们拥有《权利法案》有多幸福。”

点上一支烟吧，美国人，然后深深地，深深地吸一口，因为这是你的爱国职责所在。这已经是极端恶俗的广告了，可以肯定的是，将来还会出现更恶俗的广告。

[1] Lech Walesa（1943—），波兰政治活动家、团结工会领导人、波兰第一任总统（1990—1995 在任）、1981 年美国《时代周刊》年度风云人物、1983 年诺贝尔和平奖得主、1989 年美国“费城自由勋章”获得者。——编者注

恶俗杂志

你可能会认为杂志的消费大军一定是大学男生，因为他们对《花花公子》和《阁楼》（*Penthouse*）[①]、《体育画报》（*Sports Illustrated*）、《人车志》（*Car and Driver*）以及《肌肉与健身》（*Muscle & Fitness*）的忠心不可动摇。但在杂志的购买上，他们却远远落后于那些上了年纪的人，后者平均每月购买的《现代老年》（*Modern Maturity*）和《美国退休人员协会新闻快报》（*News Bulletin of the American Association of Retired Persons*）合计有3800万册。老家伙们如今有大量的时间可以用来阅读了，虽然他们从来就不是热情的书籍爱好者，却以1600万份这一可观的购买量使《读者文摘》以胜利者的姿态高居于其他杂志之上，此外还有《电视指南》（1600万份）、《国家地理》（1000万份）。幸

[①] 均为美国男性成人杂志。——译者注

好这三本杂志中的最后一本还不算糟糕，甚至够资格被称为相当不错的杂志。

这些杂志大多数都不算“糟糕”，只能说“**无害**”，这个特别的词近来一直被用于表示敬意。根据“无害”的标准，我们还可以找出一些没有聪明人想读、却也没有多大害处的出版物，比如《肥皂剧文摘》（*Soap Opera Digest*）、《扶轮社[①]》（*Rotarian*）、《美国海外作战退伍军人组织》（*VFW Auxiliary*）等，它们的发行量都大得惊人。

这些杂志往下，我们就进入了糟糕杂志的领地，《人物》（*People*）和《我们》（*Us*）是其中的领先者。接下来是《国民探秘者》（*National Enquirer*）、《美国步枪手》（*American Rifleman*）；然后就是以精神病患者为目标读者的杂志了，比如《陛下：每月王室评论》（*Majesty: The Monthly Royal Review*），这个杂志是给那些一想到皇后，甚至只要想到她的特权、家具和珠宝就会勃起的人们读的；还有《现代雇佣军》（*Soldier of Fortune*），是给那些总幻想将一把肉搏战用的双刃短刀插进一个外国有色人种身体里的人读的，他们幻想要刺中的人大多比自己块头要小；再往下就是真正糟糕的杂志了，比如《性交前戏》（*Foreplay*）、《X 级录像带内幕》（*Inside X-Rated Video*）、《烈火双人组》（*Hot Twosomes*），以及

[①] 扶轮社是依循国际扶轮的规章所成立的地区性社会团体，以增进职业交流及提供社会服务为宗旨；其特色是每个扶轮社的成员需来自不同的职业，并且在固定的时间及地点每周召开一次例行聚会。全球第一个扶轮社于 1905 年创立于美国芝加哥。——编者注

为同性恋团体（见“恶俗语言”）创办的《躯干》（*Torso*）、《数英寸》（*Inches*）和《未删节》（*Uncut*）。无论这些杂志有多么糟糕，却没有一本是恶俗的。原因何在？因为它们都不故作高贵。

恶俗杂志就大不一样了。除非我们了解找到它们的方法，否则它们很容易躲开人们的注意。想找到它们，不要向下看，而要向上看，它们就是汤姆·沃尔夫所谓的“拜金图片出版物”。他说：“如果说色情出版物是70年代的最大恶习，那拜金图片出版物——对有钱人行为举止的图片报道——就是80年代的最大恶习”，这股歪风到90年代，根就扎得更深了。拜金图片杂志会努力说服那些势利的读者，让他们自以为是真正的贵族，至少他们内在的某个地方或身边的某一处具备贵族的特质，而这在一般情况下是看不出来的。他们对自己拥有特殊禀赋的幻觉要借由下面这些杂志来保温：《家居与花园》（*House & Garden*）、《建筑文摘》（*Architectural Digest*）、《艺术与古董》（*Art and Antiques*）、《鉴赏家》（*Connoisseur*）（“我们知道您的时间很宝贵，鉴赏力很高超”），以及《百万富翁》（*Millionaire*）（毫无疑问，这本杂志的一些读者也会读《陛下》杂志）。正如沃尔夫指出的，现在这类势利杂志正如日中天，那些附庸风雅的色情杂志反而没有这么畅销，比如《花花公子》和《阁楼》。说粗鄙点儿，现在是性退场，贪婪上阵的时代了。

如果《人物》这类糟糕杂志的功能是鼓励读者崇拜、嫉妒肤浅的娱乐界名流和各色有不同成就的愚蠢怪物，那《鉴赏家》这类恶俗杂志的功能就是鼓励读者崇拜、嫉妒那些跟自己一样连人带财产都交给漂亮图片的肤浅的人。在这两个例子中，读者崇拜和嫉妒的对象在价值上大体相当，但《人物》杂志描绘的那些人至少不会四处炫耀，假装他们继承到的钱让自己变得有多棒。

恶俗报纸

必须承认，在美国，我们还没有《世界报》[1]那样的报纸。这是政府所在地与风趣智慧的所在地分开、宾夕法尼亚大道[2]与华尔街[3]相距数百英里所要付出的一部分代价。但至少我们还有三四份好报纸，以及数以百计的糟糕报纸。报纸糟糕与否，可以依据下面的一个或多个特征判断。

从专栏的内容，你就能了解一类报纸：连环漫画，这是少不了的；每日星象占卜；大量空白——文明的读者也许希望空白处能有一篇书评；肥皂剧剧情每周概要；每日祈祷词——常常赫然出现在头版；一个八卦摄影师（说准确些，是照相师）的专栏，一本正经地发表着愚蠢无知的意见；还有“读者来信”

[1] *Le Monde*，法国第二大全国性日报，是法国在海外销售量最大的日报，在法语国家中颇有影响力，国际知名度较高。主要读者是法国和法语国家与地区的政治界、经济界、知识界及专业人士。——编者注

[2] 华盛顿特区的一条大街，白宫所在地。——译者注

[3] 纽约金融街，美国商业的象征。——译者注

专栏，供一些读者对最具煽动性、最琐碎的地方性话题发表愚蠢的见解。除了这些专栏，这类报纸就像别的东西一样，对色彩的滥用表明他们正为读者营造一种小学生心理水平的新闻氛围，与周日娱乐报营造的一样。曾经有段时期，报纸版面上唯一带颜色的东西是赫斯特[①]所有报纸头版上方那面“古老而光荣的星条旗”，这个东西大体上诚挚地反映了这些报纸对布尔什维克主义和外国思想的反对。现在，如果哪份报纸的头版上看不到一张大幅彩色图片——当然，是在折叠线上方——这份报纸就可能会失去没受多少教育的读者的青睐。那些读者要求报纸上随处都有代替文字的图片（“比较真实”），因为他们没有能力欣赏讥讽或隐喻，除非讥讽或隐喻以陈词滥调的面目出现。西海岸有一家聪明的报纸，含沙射影地评论了喜欢彩色图片的读者的智力水平，认为这样一来，这些读者能读懂的东西也就只限于体育版了。

糟糕的报纸会聘用不懂该如何写好文章开头的作家，而且付给他们报酬。那些家伙要让你读完 250 个字，才能明白讣告的主角到底因何而死，或枪击事件到底是在什么地方发生的。糟糕的报纸还喜欢尽可能在头条新闻中多用俏皮话。比如一则鹿跑去吃后院灌木的报道：

鹿啃掉了它曾经可爱的形象。[②]

[①] William Randolph Hearst（1863—1951），20 世纪美国报业巨头，曾拥有 25 种日报、17 种周日报和 24 种杂志。——译者注

[②] 原文为 DEER NIBBLING AWAY AT ONCE—DEAR IMAGE，其中的 DEER（鹿）与 DEAR（可爱的）发音相同。——译者注

糟糕的报纸擅长用一定数量的“星”来代表评论家对电影或餐馆的评价，而懒得告诉你几颗星表示什么意思。还有一点，糟糕报纸的行文风格一律是几近文盲的读者要求的那种艳俗和假装精通，这些读者受娱乐业腐化比较严重，根本读不懂以任何形式呈现的复杂、巧妙、影射、讥讽、令人惊讶、出乎意料或真正有趣的文章。门肯啊！你本该生在这个时代的，美国需要你……

在一家厚颜无耻地自称为《国家报》（其实《华尔街日报》才是正宗的国家报，这里先按下不表）的报纸上，前面提到的几乎所有糟糕特征都十分明显，但它也只是糟糕而已。《今日美国》报才是最明显、最纯粹的恶俗典范，可谓金玉其外，败絮其中，象征着表象战胜实质的一次典型胜利。要考验这家报纸是否有权使用这个名字，测试题可能包括：它在某个特定问题上的立场是什么？谁在乎它的想法？谁想为它撰稿？撰稿人的素质怎样？谁想读它？读者是什么样的人？如果撰稿人只从电视或《今日美国》中汲取营养，他就无法安慰担忧整个社会的未来能否理性智慧的人，这种撰稿人反而是支持——不，应该是赞颂——到处泛滥的恶俗的人。

《今日美国》报首次出现于 1982 年，适逢最受喜爱的美国人——罗纳德·里根就任总统，这份报纸正是里根主义的完美象征。其创立者艾尔·纽哈瑟（Al Neuharth）说，他把它设想成一种反对“令人绝望的旧报业”的武器。他觉得，过去的报纸令读者沮丧、愤怒，《今日美国》将带来“一种充满希望的新报业”，完美地配合美国政府越来越多的粉饰，从里根的染发剂到他对援助尼加拉瓜反政府军一事的隐瞒，无所不包。难怪《今日美国》会成为罗纳德·里根第二次就任总统时的“赞助商”。

对兴旺的不懈追求，奠定了这份报纸半青少年、半巴比特[①]式的语调。这份报纸报道一次空难事故的头条新闻标题尽人皆知：

奇迹：327 人生还，55 人遇难。

电视节目，尤其是新闻秀（见“恶俗电视”）在内容浅薄简单（平民化）、颜色艳丽上的成功，给了纽哈瑟切实的启发，让他想到一种全新的报业可能会受到公众的欢迎。（最近为了了解并介绍丹·拉瑟[②]，《今日美国》引述了拉瑟一位同事对他的评价，称他是“一个普通的人”，喜好棒球、打猎、钓鱼，在野外丛林露营时喜欢嚼烟草，从而得出结论：没有人希望电视节目主持人是个与众不同的人。）

为了引诱已经迷上电视的观众，纽哈瑟经过长时间的摸索，终于想出了一个办法：在人行道边的报摊上支一个极像电视机的东西，带有电视机式的底座，报纸的上半部分则模

[①] Babbitt，美国作家辛克莱尔·刘易斯同名小说里的主人公，专指自满、庸俗、短视、守旧的中产阶级实业家。——译者注

[②] Dan Rather（1931—），美国记者，哥伦比亚广播公司（CBS）著名新闻节目主持人。——编者注

仿电视屏幕。电视处理新闻的方式为《今日美国》的编辑方法提供了榜样，不仅大量使用图片，大部分图片还都是用来卖弄的，毫无存在的必要。像电视新闻部门一样，纽哈瑟的报社没有几个记者，却有一大批编辑、改写者、主持人、修补文字的人、调色的人（要跟电视新闻的色调相似），以及按自负的主子的意愿行事的人。在加工新闻的中心办公室里，人们头顶上摆满了电视机，似乎是在鼓励这些被雇佣的舞文弄墨者将他们的发行物调整到与电视报道一致。该报刚刚问世的时候，一位评论家就指出："电视迷们这下可有了能捧在手里读的电视了。"当然，是娱乐业决定了《今日美国》的主要关注点和风格。任何与娱乐业有关联，甚至只是间接关联的事物，都会获得《今日美国》的高度关注和重点展示。他们甚至认为，离"娱乐"很远的东西会因为与电视或糟糕的电影文化扯不上关系而丧失读者。所以，《今日美国》上一则有关最高法院重审国旗烧毁事件的报道会这么开头："姑且称之为烧旗案续集吧"。

《今日美国》独特的措词技巧是如此不懈地引人注目，所以很容易看出它将一般报业的糟糕提升为恶俗的方法。纽哈瑟命令他的写手和马屁精们尽可能少用"**美国**"（America）这个词，而用"**美利坚合众国**"（USA）来代替，这样就能起到持续不断的宣传和提升作用。他们以为愚钝的读者无法忍受任何真相，除非将它们"润色"一番，然后改造成娱乐。这一观念导致《今日美国》常常采用自以为是的标题和毫不相干的押韵，比如：

吝啬鬼的汽车后备箱里喜欢放什么？（WHAT' S HOT IN TRUNKS FOR HUNKS）

还有头韵法[1]：

党人肆意抨击预审税务报告（PARTISAN POTSHOTS PREVIEW TAX TALKS）

俏皮话：

国旗上的星星[2]再一次越过了高等法院
柯斯达[3]爬上了新高度

还有一则价钱惊人的旅游讯息：

只要花 39500 美元，世界就是你的蛤蜊[4]。

奇怪的是，按理说应该会有这类胡闹的体育版（占 1/4 版面）中却很少出现，他们的言外之意可能是：体育太严肃了，

[1] 指句子中两个或两个以上的单词首字母相同，从而形成悦耳的读音。——编者注
[2] 此处指美国各州。——编者注
[3] COASTER，丰田豪华客车。——编者注
[4] 原文为 clam，指蛤蜊，俗语中也有“一美元”的意思。——译者注

不宜开玩笑，哪怕报纸其他版面都给人留下“生活是一场夜总会歌舞表演”的印象。除了两次世界大战、“二战”时纳粹对犹太人的大屠杀、越南战争、海湾战争（这么几个就够了）这类令人难堪的事，生活中的一切都还不错，我们将在我们正走着的道路上继续前进（“保持方向。”——罗纳德·里根），去创造一个美好的世界，那里有人们想要购买和享受的一切美好事物。早在大学一年级的写作课上，老师一般就会忠告学生：切勿将陈词滥调放到引号中去引人注意。《今日美国》拒绝了这条很好的建议，为了让它的读者感到舒服，它自有高招：

房屋下陷！“暂停”销售。

对美国全国广播公司而言，这是信仰上的一次“巨大突破”。

谁是这类东西的读者呢？他们对《今日美国》的忠诚已经使它的发行量对《纽约时报》和《华尔街日报》构成了威胁。其实，只要瞥一眼报纸上的广告，就可以推断出读者的身份了。那些广告人确信，只要占据大片昂贵的版面，就一定能抓住他们定位的读者。最近，在人们争论继续“国家艺术捐赠基金”项目是否恰当期间，发生了一件事：帕特·罗伯特森牧师[①]领导下的“基督教联盟”认为该联盟的钱用来为以下呼吁做整版广告更为合适，这个广告的目标读者是国会议员们（注意，他

[①] Pat Robertson（1930—），美国传媒大亨、电视布道者、基督教福音派牧师，曾预测世界将于1982年毁灭。——编者注

们被定位为该报的读者）：

你们……愿意面对选民们的指控，说你们将他们的血汗钱浪费在推动鸡奸、儿童色情作品和对耶稣基督的攻击上吗？

并且，议员先生们，你们是否认为“体面的劳动者”会希望他们缴纳的税金被用在“教他们的儿子怎样鸡奸”上？针对同一批担心他们的儿子会受鸡奸行为吸引的读者，美国退伍军人协会与 13 个类似的组织也联合出资，刊登了一份占半个版面的广告：

平心而论，你知道烧毁国旗的行为是错的。

（他们不承认这个广告窃取了共和党为巴利 · 戈德沃特[①]做的标语牌广告的创意——“平心而论，你知道他是对的”，反对党将其延伸为：“是啊，对得过了头。”反烧旗广告毫不怀疑地认为他们针对的公众读者既愚蠢又缺乏幽默感，根本就不了解或记不住这个极其成功的延伸。）如果这类广告还不足以让我们推断出读者的身份，报纸上还有无以数计的汽车、摩托车广告，或冰箱、带机关的车库门等经久耐用商品的广告，都表明其读者是一群硬汉。〔《今日美国》头

[①] Barry Morris Goldwater (1909—1998)，美国商人，曾任亚利桑那州参议员，1964 年美国共和党总统候选人。——编者注

版顶上的**"卫星传送"**字样，是专为给这类技术迷读者留下深刻印象而设计的，不难推测，他们也一定是《大众机械》（*Popular Mechanics*）和《在家办公电脑化》（*Home Office Computing*）杂志的粉丝。〕除了硬汉，报纸的读者还包括喜欢简单浏览分类广告的人。广告制作者极其了解广告的目标读者，对于读者们容易上当受骗的性格也已经有了长期的认识，他们知道读者们会被下面这种土包子式的广告所欺骗：

赚大钱

或者

发财成名

《今日美国》的许多分类广告都千方百计地引诱读者进入他们的佣金陷阱，怂恿读者通过销售一些市场前景十分可疑的商品赚取佣金，比如褐色食物节食新办法、一种"跟电视广告里一样的"令人吃惊的去污器；除了这些商品，读者还可以通过销售新的"长寿秘方"或"90年代最火爆的免手术面部拉皮术"赚取高额的佣金；还有广告呼吁读者"成为您所在地区的第一代理吧，利润空间巨大！"；还有一个广告帮读者开了一剂处方，这一处方几乎可以万无一失地永久解决读者的财政心病——"开设自己的旅行社"，仅次于"开家自己的餐馆"

或“写童书挣大钱”；也有广告推荐无数待售的经营失败的汽车旅馆，和类似的毫无保障的商业场所，怂恿读者通过经营它们而“致富”。感谢上帝，最终是社会福利机构和精神病院，而不是我们，当然更不是《今日美国》报，必须接收被这类广告毁了的受害者们。发人深省的是，西蒙斯市场调研局[①]针对《今日美国》读者的一次调查表明，这些受害者中68%的人“上过大学”，算是“受过高等教育的人”（见“恶俗大学”）。

就目前的情形而言，一个让人高兴不起来的事实是人们被自己的读物同化了。就连《童子军官方手册》都了解这一点，它了解这种后果，并勇敢地、毫不含糊地明确指出：“长期阅读垃圾的人，除了成为庸人外，别无所成。”这是一个很好的警醒，能鼓励尚未被腐蚀被贬损的孩子们警惕恶俗报纸。若非很快就有许多以《今日美国》为模板的报纸出现，那本节标题中的复数形式[②]就是在误导了。《今日美国》的成功，几乎可以确保其后继者都是恶俗的。

[①] Simmons Market Research Bureau，成立于1950年的一家美国独立市场调研公司。——编者注

[②] 这节标题的原文为BAD Newspapers，作者的意思是恶俗报纸不止一家。——编者注

恶俗电影（BAD Films）

胶片（Films）？电影（Films）？想了解做作[1]的电影，请看“恶俗电影”（BAD Movies）。

[1] film是英式英语，除了“电影“外，还有”胶片、胶卷、拍电影“的意思，相对而言更富艺术性；movie是美式英语，只表示“电影”，更富消费性和商品性意味。——编者注

恶俗电影（BAD Movies）

还有谁记得在恶俗电影到来之前，糟糕的电影还只是糟糕的那个时期？那时，它们还比较吸引人，比如《机器人大战阿兹特克木乃伊》（*Robot vs. the Aztec Mummy*）或《圣诞老人征服火星人》（*Santa Claus Conquers the Martians*）。那时，只是因为电影院需要，爆米花就变成了一座农产品金矿。提前识别烂片并非难事。“荒岛”或“丛林”题材的电影十有八九是蹩脚货，比如琳达·达内尔和泰布·亨特主演的《荒岛美人》（*Island of Desire*）、《青春珊瑚岛》（*Blue Lagoon*，“从头到尾就是一个骗局！”——英国《卫报》），以及使罗伯特·雷德福和梅丽尔·斯特里普成为明星的《走出非洲》（*Out of Africa*）；同样，早在西尔维斯特·史泰龙和阿诺德·施瓦辛格（见“恶俗的电影演员及其他演员”）的时代到来之前，肌肉男也是烂片的信号之一，看以肌肉男为主角的电影，倒不如将时间和金钱花在别的地方。不然，奉送给你的准保是《悲哀山谷的大力士》（*Hercules in the Vale of Woe*）一类片名的电影，一听之下就让你觉得宁愿一头栽进最近的酒吧里去；还有一个警告信号是宗教题材电影的暗示，比如《圣袍》（*The Robe*）或（最低水平的）《圣经》（*The Bible*）；大多数战争片也同样糟糕。身经百战的退役大兵们尤其鄙视的片子，是大炮、迫击炮弹"**忽哧忽哧**"地满天飞，喷射出来的却是燃油制造的一大团光彩夺目的火焰，而不是真实（却不好听）的震耳欲聋的**爆炸声**；还有，1970 年之前或 1970 年左右的电影，如果片名带有色情意味，都可以确定是糟糕的电影。聪明的观影者早就学会依据片名的措词分辨烂片了，比如"**夜晚、天堂、法国的**（这个词可能代表那部电影特别下流、淫秽）、**欲望、肉体、性**[1]"等等。

鉴于如今日益发展的贫民化趋势（在《格调》一书中分析过），对于有智慧的人来说，重拍老片子带来的恐惧几乎总会导致某种精神沉沦。只要比较一下 1964 年的《夜幕必须降临》(*Night Must Fall*)和 1937 年版的好片子，1962 年的《叛舰喋血记》（*Mutiny on the Bounty*）和 1935 年的原版，1959 年的《人猿泰山》和 1932 年约翰尼·韦斯默勒[2]主演的那一版，或者 1950 年迪斯尼版的《金银岛》（*Treasure Island*）和 1934 年版的好片子（前者背景音乐中采用的极其突兀的

---

[1] 参考电影《性感小猫上大学》(*Sex Kittens Go to College*)，参阅"恶俗大学"。

[2] Johnny Weissmuller(1904—1984)，美国游泳运动员，退役后成为好莱坞电影演员，曾在 12 部影片中出演人猿泰山一角。——编者注

拨奏曲片段很像电视搞笑节目的惯用伎俩，总在暗示观众该如何作出反应，后者却为旷世奇才莱昂纳尔·巴里摩尔[①]和华莱士·比里[②]提供了性格表演的机会），你就会不断地感到失望。拙劣重拍定律的一个例外，是1978年版的《人体异形》（*Invasion of the Body Snatchers*）。这部片子对1956年唐·希格尔那令人伤心的努力之作[③]进行了新的思考，唐纳德·萨瑟兰（Donald Sutherland）的表演和菲利普·考夫曼（Philip Kaufman）的导演中那旧式的精妙和对观众的尊重，也使影片获得了改善。尽管重拍《摩登时代》、《公民凯恩》、《卡萨布兰卡》、《正午》（*High Noon*），甚至《码头风云》（*On the Waterfront*）和《原野铁汉》（*Hud*）都是显而易见的愚蠢之举，但肯定有人（见“恶俗人物”）要一试方休。结果呢，当鄙视蜂拥而至时，他们就会反击说那些批评者都是“**精英分子**”。

上面所说的都是昔日的景象了，如今恶俗当道，也就是说，现在是重磅炸弹的时代，比如卡通片似的《星球大战》及其续集，《超人》及其续集，《外星人E．T．》，《蝙蝠侠》以及《至尊神探》（*Dick Tracy*）等等。如托德·吉特林[④]所说，这类

[①] Lionel Barrymore（1878—1954），美国演员、导演、编剧、作曲家，第四届奥斯卡影帝。——编者注

[②] Wallace Beery（1885—1949），美国演员、导演、编剧，第五届奥斯卡影帝、第二届威尼斯电影节影帝。——编者注

[③] 指1956年唐·希格尔导演的同名影片。——编者注

[④] Todd Gitlin（1943—），美国著名社会学家、传播学者、小说家、文化评论家，哥伦比亚大学新闻学和社会学教授。——编者注

影片“花在宣传上的钱比电影本身占据了更多的文化空间”。在一个时期内，公众的注意力范围都会为一部电影留有空间。因此，在大肆宣传之下，这类电影中的某一部肯定会成为占据公众注意力的那一部。不论习惯注意广告还是蔑视广告，美国（通常还有欧洲和亚洲）的每一个人都会知道这部电影。

投放重磅炸弹的理想时间是每年的6月。到了6月，这类电影的观众——青少年刚从学校里涌出来，早就准备好揣着他们攒的零花钱奔向影院售票处了。但猛烈的宣传攻势早在临近春季学期时就开始了，第一批宣传材料早已散发完毕，第一批T恤衫开始堆满批发商的仓库，第一批洋娃娃和新颖小巧的小玩意儿开始出现在各大购物中心。每到6月，孩子们就像巴甫洛夫的狗[①]一样馋得直流口水，最新上映的恶俗电影几乎早已胜券在握，不论它有多么糟糕。我用“几乎”这个词，是因为这套办法偶尔也有不奏效的时候。1980年迈克尔·西米诺拍摄的《天堂之门》（*Heaven's Gate*）耗资4400万美元，本该成为这种幼稚却成功的重磅炸弹，用一位评论家的话说，到头来竟“完全没有条理”，专栏作家文斯·斯塔腾（Vince Staten）则评论道：“总的来说，这应该归功于快要破产的联美公司[②]。”（旁白：真是苍天有眼啊！）其实，电影《现代

---

① 伊凡·巴甫洛夫（1849—1936），俄国生理学家，通过狗实验揭示了条件反射的基本原则。——编者注

② United Artists，1919年由四位著名导演及演员卓别林、范朋克、毕克馥、格里菲斯出资创建，逐步发展为控制美国电影生产和发行的八大公司之一。1981年并入米高梅公司，改称为米高梅－联美娱乐公司，以出品007系列电影知名。——编者注

启示录》也一样恶俗，但不知为什么，很少有人发现这一点。

重磅炸弹电影体现了恶俗的完整理念，因为它们在本质上就缺乏人类的价值观，完全依靠夸大其辞，获得成功全靠大肆宣传。再者，这类电影的叙述方式和表演方式都不成熟，只是提供连环漫画式的刺激，并且几乎完全依赖特效，所以只能满足那些只会因技术而兴奋的没受过教育的人（见“恶俗大学”）。正因为如此，电影公司才拍摄了一系列有关国家航空航天局的电影，观众们却认为它们很有趣，并且意义重大。如彼得·毕斯肯德[①]所说，这类重磅炸弹的目的是“将观众重新塑造成小孩”，有教养的成年人也应该看一看。由于这类电影水准太低，明显造成了“选民的幼稚化”，从而导致罗纳德·里根和乔治·布什当选，并出现亵渎国旗的煽动行为等等后果。究其本质，重磅炸弹绝不只是电影，马克·米勒[②]强调说，它们更像推销其他商品的促销工具，所以时代华纳公司能凭借《蝙蝠侠》电影推销“蝙蝠侠的鞋子、短裤、帽子、餐具垫……时代华纳出品的摇滚音乐录影带……时代华纳出版的平装书……《时代》周刊的封面故事”[③]等商品。米勒说，如今的电影只是“庞大的偶像生产体系中的一粒骰子或筹码，这个庞大的体系包括电视制作公司、联合化公司、有线电视网、唱片公司、主题公园……还有图书出版公司、

[①] Peter Biskind，美国资深影评家，电影杂志《首映》前主编，《名利场》特约撰稿人。——编者注

[②] Mark Crispin Miller，纽约大学媒体研究、文化和传播学教授。——编者注

[③] 时代华纳公司横跨影视娱乐、音乐制作、出版等领域，《时代》周刊是时代华纳拥有的品牌之一。——编者注

各大杂志和许多报纸”。

重磅炸弹电影就像其他极富表现力的典型美国发明（比如淡啤酒）一样，缺乏成熟理智的内容，这一点没什么可奇怪的。与必须接受审查且必须适合全家人观看的电视剧相比，这类电影中更多的，只有暴力。这些暴力由电锯杀人狂和踢裆动作构成，你在别的地方是看不到的，这些东西也恰恰是观众希望在电影院里看到的东西。过去，人们观看加里·格兰特[①]和艾琳·邓恩[②]衣冠整齐地以诙谐的方式在室内社交剧中表现微妙的调情，如今，在同样的舞台上，你看到的尽是强奸、殴打、砍掉四肢、面部被毁、流血、眼珠外挂在脸颊上、鲜血从动脉喷涌而出、鲨鱼吞噬儿童的画面，这完全是雅各宾派或恐怖剧那种残忍成性的表演技术。这类画面唯一的技巧就是过分的强调（见“恶俗对话”和“恶俗音乐”），这会贬低观众的身份。如马克·米勒所说，今天的电影，无论是重磅炸弹还是普普通通的制作，都喜欢“广告（及其他一切宣传活动）中使用的那种有计划有步骤的过分强调。每个镜头呈现出来的都是封闭、自成一体的内容，就像一记恰好击中面部的重拳。这些镜头包括大枪、大车、好看的屁股、满月……巨大的破坏（血、玻璃）等等”。所有这些暴力垃圾都放完后，还会有一串没完没了的荣誉名单，仿佛他们真做了什么值得居功的事。不过，这样一来我们就会

---

① Cary Grant（1904—1986），英裔美籍影星，早期曾在百老汇演出戏剧。——编者注

② Irene Dunne（1898—1990），美国演员、歌手，早年是一位戏剧演员，后进入电影界。——编者注

知道所有与这部恶俗电影有关（哪怕只有一丝遥远的关联）的人的名字，其中就包括他们的家属和性伴侣的名字：

第三舞台助理：
第三舞台助理的助理：
灯光师：
灯光师助理：
灯光师助理的女友：

恶俗图书也有类似的情形，在矫揉造作的序言和致谢中，作者会感谢整整一个兵团的恩人，他们的名字越显赫越好，感觉就像作者在推卸责任。

恶俗电视

尽管不时会努力掩饰其羞耻心，还装腔作势，电视大体说来仍是贫民媒体。电视最善于推销假牙清洁剂、不能自理的人用的尿布、啤酒、通便剂、汽车和洗涤用品，一旦涉及书籍、思想、历史意义，以及文明对话中所有的复杂性、精妙性和讽刺性，电视就会死得很惨。在一个有关“文化”的电视谈话节目的彩排中，我被要求给“**人类学**”找一个简易的同义词，我确信，这是因为电视机前的观众无法理解“人类学”这个词，所以电视台也不打算将那个节目做成大众“娱乐”节目，因为大众“娱乐”节目都很恶俗。

女子摔跤、奥普拉·温弗里脱口秀、黄金时段幼稚的情景喜剧，以及所有角色都像连环漫画的动作方式一样夸张表演的“戏剧特别节目”，这些电视节目自然很糟糕，但对理智的人几乎构不成威胁，因为只有失去理智的人才会被发现还在看某个已播过 32 次的节目。拥有电视机的美国家庭比拥有抽水马桶的美国家庭还要多，并且平均每个家庭每天要看七个半小时的电视，这意味着美国人可能会从每天下午的 4 点半一直看到午夜的 12 点，从“富人与名人的生活方式”节目中学习价值观，从“异国风情”节目中领略艺术之精妙。这真的很糟糕，但也还不至于恶俗。

要找恶俗，你首先得转到新闻频道。那个频道要么将新闻事件感性化，要么将其改编成通俗剧，以避免观众换台。或者好不容易说到事件的核心，广告却又接踵而至了。同样恶俗的还有特别新闻节目，平庸之辈在里头没完没了地摆出很有智慧、假装分析的样子，“专题讨论”得出的结论则自相矛盾。这种节目的虚伪之处在于，节目的氛围跟过去那种小圈子聚会或专题讨论会一样自由，主持人和嘉宾却说着一套套一成不变的个性化陈词滥调，对话也是**从个人偏好出发**设置的，这决定了这种讨论不可能产生任何新鲜或不肤浅的东西。刘易斯 · 拉帕姆指出：“尽管看上去很流畅，电视其实是一种非常死板的媒体，只会采用即兴喜剧中的角色那样一成不变的主持人。”这从另一个角度说明恶俗事物的表象与实质之间总存在着距离。

查尔斯 · 兰姆[①]很久以前对报纸的评论可以拿来评论如今的电视：没有一次，你不是怀着一丝期待的兴奋打开一份报纸（打开电视）；没有一次，你不是满心失望地合上它（关掉那个糟透了的东西）。就算你聪明绝顶，刚开始时的一丝兴奋也会很快被下面这些东西赶跑：庸俗老套、表象持续不断地掩盖

[①] Charles Lamb（1775—1834），英国散文家。——编者注

着实质、没完没了地播放经过尝试和检验的东西而没有任何原汁原味的东西。除了现场直播的体育比赛，电视里不可能有任何激动人心或有趣的事。印地赛车[①]会不会撞毁？篮球场上会不会发生一次比以往更有意思的斗殴？奥运会上那对冰上舞蹈家会不会失足跌倒？那个被撞晕的足球运动员还**能不能**爬起来？或者显然已经死了，即将被抬出场外？这种节目或许还能激发观众的一点好奇心，但也只能让人满意一小会儿，总会有一个声音插进来评论、解释、叙述、证实——实况评论员以为观众弄不清赛场上的状况，所以他们必须解说每一场比赛——“球高高飞向左半场，瑞恩正在追——靠墙了，靠了，靠了”等等，其实我们看得一清二楚。评论员的观点很明白：如果没有解说与评论加以证实，任何事情都不是真的。

同样的毛病也折磨着电视新闻节目。每件事情都必须编成“故事”，哪怕是显然无须评论的独立事件：一座火山爆发了，一条鲸鱼浮出了水面，球迷打起来了，15 辆被撞毁的车停在加利福尼亚的一条高速公路上。曾担任过报社记者的汤姆·沃尔夫承认，电视节目的确能将这类事件“处理”得很好，他说，这类事件及其类似事件就是电视应当报道的所有“新闻”，“事实上，我们应该**彻底**停止电视新闻制作，让电视台只播放听证会、新闻发布会和曲棍球比赛，这才是真正地服务于全国人民，那种节目才是真正意义上的电视新闻节目。如果真能那样，至

---

① 是印地车赛的比赛用车。印地车赛是汽车场地比赛的一种，也叫印地方程式赛，设有世界锦标赛。起源于美国，原为美国汽车协会主办的锦标赛，1979 年举办了第一次比赛。——编者注

少公众不会对现在这种‘电视新闻’产生错误的印象，以为那真是在报道新闻。”现在的电视新闻节目正体现了恶俗的本质：主持人会以人们熟悉的自我介绍的方式（“丹·拉瑟**现在为您播报新闻**”），每周表演5次表象与实质之间的鸿沟，其实主持人什么也没报道，只是在表演和朗读——读电子提词机上的内容。正如拉帕姆所说，电子提词机上的内容是用“六岁小孩都能理解的”语言编排的。毫无疑问，丹·拉瑟的表演只是一个小骗术，只是这个令人厌倦的表演世界的一部分，这个世界伪装成了真实的生活，而真实的生活从一开始就变成了电视节目的原料。正如托德·吉特林所说，即便是著名的丹·拉瑟，也在“为一种生活方式作贡献，这种生活方式将平庸和欺骗提升为一种文化理念”。毕竟，如果你的主要工作是大量销售没有价值也毫无必要的商品，谎言和平庸就必然会掌控你的生活。它们不只是电视不幸的副产品，它们还是电视存在的原因。

一旦受到利益的驱使，谎言的魅力就会变得很强大，以致现在竟然渗透进了一度很纯洁、与公开交易和残酷无情的手段绝缘的公共电视台。公共电视台不得不承认一个规定的节目背后有强大的赞助商时，就意味着公共电视台里肯定有一些有趣的事情是根本不能被注意或被提及的。羞耻心会让它避开“**赞助**”一类用语，而选择委婉的套话，比如“本节目之制作承蒙××**基金**厚爱”，好像说了“**基金**”这个词，整个节目就都是在基金会、大学和类似的清白机构那高尚无私的环境里制作出来的。

地方性电视新闻节目与全国性电视新闻节目不一样，前者更倾向于糟糕而非恶俗。全国性电视新闻节目专门使用单个的明星主持人，比如拉瑟或彼得·詹宁斯[①]，地方性电视新闻节目则要求其主持人强调，没有哪个主持人是卓越超群的，相反，他们只是一个“新闻团队”中的一员，这个团队一定会有：

一名女性（往往是亚裔）
一名黑人
一名白人男性新闻播报员
一名白人（有时是黑人）体育新闻播报员
一名气象播报员（往往是女性）

这种结构似乎暗示着团队是由普通人构成的，他们既不比观众好，也不比观众机灵，但他们扮演可信赖的仆人时例外。地方性电视新闻节目跟其他节目一样，必须在广告丛林中挣扎求生，这就意味着主持人不得不将新闻改造成过去人们称为“趣闻特写”（human-interest features）的东西，比如猫和狗被人从起火的大楼里救出来，兄弟姐妹多年之后重聚，金婚，有趣的巧合等等。托德·吉特林还说：“‘大众’的态度、情感和价值观是基本的标准，电视台的所有价值观最终都以这一标准为准。”成功地依照大众商业原则行事后，电视节目终于完

[①] Peter Jennings（1938—2005），美国广播公司著名新闻主播，与哥伦比亚广播公司的丹·拉瑟和全国广播公司的汤姆·布洛考（Tom Brokaw）并称为美国三大新闻主播。——编者注

美地将最残酷无情的资本主义与最感性的平民主义融合在了一起。那些亲切仁慈、坚信电视能作出“文化”贡献的人们很不愿意接受这一事实，在电视被指责为贫民媒体时，这一事实更令他们中的一些人感到生气。但要保住饭碗，电视台就**必须**奉承愚钝和容易轻信的大众。

尽管现实生活偶尔会迫使电视节目正视那些令人恐怖的事情，电视新闻节目却永远保持着乐观（就像它们的报业同行《今日美国》报一样），男女主持人也从不吝于展示他们的微笑，这是约定俗成的演艺界人士的义务。商业上的乐观主义与“报道”中的乐观主义没有差别，正如马克·米勒察觉到的：“要想让广告看上去像‘奖励而不是对电视节目的打断’，就要以多种微妙的方式调整电视节目，使之令人难以察觉地吸收商业广告的特性。”当**泰德**·亚布拉姆森将其夺冠的白色加长型豪华轿车命名为“**美国梦**”时，他无意中验证了米勒的观点：美国对这个世界最主要的贡献就是恶俗，那是我们最拿手的事情。

恶俗的电影演员及其他演员

娱乐业离不开虚幻、夸张和欺骗，所以与娱乐业有关的一切都是恶俗的。事实上，娱乐业宣传、歪曲和夸张（比如“世界上最伟大的表演”）的主要技巧，都为其他领域的恶俗提供了一个典范。“公爵”和“国王”就都很符合美国的气质。

属于无可救药的恶俗之列的，几乎都是美国视若珍宝的演员，比如阿尔弗雷德·伦特、琳·芳丹[1]、海伦·海丝[2]，他们都是过度宣传的低能模仿型演员，戏路狭窄，几乎无法驾驭别人的声音与风格，几乎没有能力表演比美国剧团剧目（只能以“现代”形容）更宽广、更有趣、更为有益的悲剧保留剧目。我们可以称他们为褊狭的演员，他们的局限性如此明显，以致只有猛烈的宣传才能拯救他们。二三十年前的许多男演员

[1] Alfred Lunt（1892—1977），英国演员，早期是舞台剧的导演和演员。Lynn Fontanne（1887—1983）是阿尔弗雷德·伦特的妻子，美国演员。——编者注

[2] Helen Hayes（1900—1993），美国女演员，被称为“美国戏剧界第一夫人”，获得过奥斯卡奖、托尼奖、葛莱美奖和艾美奖。——编者注

均属此列，比如布吉斯·梅迪斯（Burgess Meredith）、查尔顿·赫斯顿（Charlton Heston）、理查德·韦德马克（Richard Widmark）、罗伯特·斯塔克（Robert Stack），当然还有尝试扮演亚哈船长[1]的格利高里·派克。这一糟糕传统的继承者还有罗伯特·杜瓦尔（Robert Duvall）、尼克·诺特（Nick Nolte）、里察·基尔、夸张大师比尔·考斯比（Bill Cosby），和23岁就成为扮怪相大师的加里·柯尔曼（Gary Coleman）。与阿诺德·施瓦辛格、西尔维斯特·史泰龙身材相似的人有一个属于他们自己的阶层，他们是唐·莱塞姆[2]法则的典型范例："声音越大、越无能，就越有名。"汤姆·汉克斯、海伦·斯雷特（Helen Slater）、乔治·汉密尔顿（George Hamilton）、彼得·法尔克（Peter Falk）、罗伯特·米彻姆（Robert Mitchum）、罗西妮·巴尔（Roseanne Barr）、里卡多·蒙特尔班（Ricardo Montalban）、查尔斯·布朗森（Charles Bronson）、奥马尔·沙里夫（Omar Sharif）、伯特·雷诺兹（Burt Reynolds）、帕特里克·斯威兹（Patrick Swayze）也不应该被忽视，还有琳达·达内尔（Linda Darnell），这些人个个都擅长扮怪脸、大喊大叫，放大自己的每一丝情绪，唯恐观众看不到。

有些演员局限性实在太大，以致只能扮演跟他们一样的人，比如芭芭拉·史翠珊和卡洛尔·伯纳特（Carol

[1] Captain Ahab，美国名著《白鲸记》里的主人公，是一名意志坚定、聪明、自大的捕鲸人。1956年格利高里·派克主演了同名电影。——编者注

[2] Don Lessem（1951—），美国大众科普读物作家，专门研究恐龙。——编者注

Burnett）。空前经典的恶俗演员之一罗纳德·里根尤其符合这一点，他极其娴熟地扮演着电影里的角色，但他扮演的“总统”却是灾难性的。还有胖子奥逊·威尔斯（Orson Welles）和马龙·白兰度，他们都曾经优雅而能干，最终却被美国式利欲心[①]和享乐主义所定义的好生活给骗了，以致除了表演静坐于几乎伸手不见五指的黑暗中[②]，他们再也无法登大雅之堂了。美国恶俗演员总能迅速使自己扮演的角色变得很夸张。夸张的女演员玛格丽特·哈米尔顿（Margaret Hamilton），就是影片《绿野仙踪》[③]中扮演邪恶女巫的那个女演员，在她所有的保留剧目和夏季轮演剧目中夸张做作、扮怪脸、大喊大叫，一直折腾到八十多岁，使得戏剧评论家约翰·西蒙对她的一次表演作出了这样的评价：“玛格丽特·哈米尔顿现年82岁，但看上去还要再老一些。”虽然说得有些残酷，却精彩至极。

如果你想了解美国演员有多恶俗，只要努力想象一下欧内斯特·博格宁（Ernest Borgnine）扮演的道格培里[④]、休姆·克罗宁（Hume Cronyn）扮演的俄狄浦斯、唐·阿米契（Don Ameche）扮演的李尔王、莎莉·菲尔德（Sally Field）扮演的麦克白夫人和汤姆·克鲁斯扮演的埃古[⑤]，你就明白了。尽

[①] 20世纪70年代初，马龙·白兰度陷入债务危机，只为还债而演戏，每分钟索要100万美元的片酬。——编者注

[②] 指马龙·白兰度在电影《教父》中的一些场景。——编者注

[③] 这里指的1939年朱迪·嘉兰主演的那一部。——编者注

[④] Dogberry，莎剧《无事生非》中不朽的丑角，是一个愚蠢、滑稽的警长。——译者注

[⑤] Iago，莎士比亚悲剧《奥赛罗》中狡猾残忍的反面人物，暗使毒计诱使奥赛罗出于嫉妒和猜疑将无辜的妻子苔丝狄蒙娜杀死。——译者注

管很有才华，但保罗·纽曼如果想尽力让我们相信他就是培尼狄克[1]，或者安东尼·奎恩（Anthony Quinn）要我们相信他就是答尔丢夫[2]，都会引起国际级别的尴尬。达斯汀·霍夫曼或许不够完美，但他至少会不时表现出一个真正的演员想扮演夏洛克和威利·洛曼[3]的冲动。

似乎戏剧舞台和电影银幕提供的恶俗演员还不够，交响乐指挥台上也有大量的恶俗演员，他们站在交响乐队前面痛苦地扭动、装模作样、极尽夸张表演之能事。必须承认，这种表演难度很大，因为你的观众在你身后，你所有的手段都被局限在双手、后脑勺和燕尾服的背面。因此，指挥们极富戏剧性的过分表演或许是出于他们想克服表达局限的自然冲动。

一个非常努力克服这些局限的人是雷昂纳德·伯恩斯坦[4]，他几乎使自己成了这方面的权威人物和扮演恶俗乐队指挥的世界冠军。多纳尔·汉奈恩[5]是众多点名批评伯恩斯坦的音乐评论家之一。伯恩斯坦敏感的虚荣心促使他去指挥“B”字

---

[1] Benedick，莎剧《无事生非》中的男主角之一，是狂放高傲的少年贵族。——译者注

[2] Tartuffe，法国剧作家莫里哀同名讽刺喜剧中的主角，后泛指伪君子。——译者注

[3] Shylock，莎剧《威尼斯商人》中冷酷无情的放高利贷者；Willie Loman，美国剧作家阿瑟·米勒代表作《推销员之死》中的主人公。达斯汀·霍夫曼曾主演这两部同名电影。——编者注

[4] Leonard Bernstein（1918—1990），美国指挥家、作曲家，曾长期担任纽约爱乐乐团的指挥。他认为“真正的指挥应该以身体的动作代替语言”，在激动或处理高潮时，他甚至会跳起来。——译者注

[5] Donal Henahan（1921—），美国音乐评论家、记者，曾长期与《芝加哥每日新闻》报和《纽约时报》合作，1986 年获得普利策奖。——编者注

头作曲家的曲目，比如贝多芬和勃拉姆斯，这样，他就可以假装是被头韵法[①]所迫，只好顺便将自己的曲子放入演奏曲目中。多纳尔·汉奈恩指出，粗俗的听众崇拜伯恩斯坦，是因为他的指挥“与音乐紧密相连，他用手势传达音乐含义的表演技巧是如此地生动，以致聋子都能轻易欣赏他的音乐会”。可惜伯恩斯坦常常表演得太过，并总是设法“以表演偷偷取代音乐”来结束音乐会。汉奈恩看厌了他那个十分简单的绝技，这个绝技出现在他对勃拉姆斯第四交响乐的指挥中，只见“他的双臂软绵绵地垂下来，他像鸡啄米一样点着头，肩膀意味深长地耸动着……完全是欧洲指挥家的那套老把戏”，但却使观众注意到了“这位牺牲掉音乐，却还奇怪地失了业的指挥家”。伯恩斯坦看来是不可救药了，因为，正如汉奈恩观察到的，“我们时代还没有哪个乐队指挥像伯恩斯坦先生那样，会享受与自己之间那绝妙的默契。”

交响乐队指挥曾经是毫无个性的打拍器，瓦格纳对贝多芬作品的诠释改变了这一切，并帮助建立起乐队指挥与作曲家一样伟大的恶俗现代传统。如一位评论家所说，罗马尼亚的指挥家塞尔吉乌·切利比达克（Sergiu Celibidache）以“在指挥台上煞费苦心地与乐手共享掌声”著称，毫无疑问，他是一位令人钦佩的音乐天才，只是“太自负了，他本应为乐队服务，却夺取了乐队的创造力”；莱奥波德·斯托科夫斯基（Leopold Stokowski）是另一个自负的指挥；查尔斯·明希（Charles

① 贝多芬、勃拉姆斯、伯恩斯坦的首字母都是“B”。——编者注

Munch）则自负得有点过了，他坚信是他而不是乐队，当然更不是音乐，才是“上千人从中寻求温暖和光明的火炉”。

当今最受欢迎的一些恶俗指挥家要维持其敏感、渊博的声誉，就要做煞费苦心和持续不断的宣传。祖宾·梅塔（Zubin Mehta）被一位专家称为“没有深度的庸俗指挥家”，在恶俗排行榜上可谓身居榜首；紧随其后的是肤浅的小泽征尔（Seiji Ozawa），其图像记忆力使他无须琢磨就能马上理解一份乐谱。据说，小泽征尔领导下的波士顿交响乐团的乐手们有一次差点反叛，称他们“从他那儿什么也没学到”；再往下是莱奥纳德·斯拉特金（Leonard Slatkin），还有内维尔·马里纳爵士（Sir Neville Marriner），他没能使明尼苏达交响乐团给有见识的听众留下印象，如今却到伦敦经营起了相当成功的演艺事业，为大家能看到的所有小型表演录制唱片。与恶俗演员一样，恶俗指挥家知道听众太愚钝，并且没有受过专业训练，不可能将他们揪出来，也不可能怀疑公关顾问（从前叫新闻代理人）的赞誉之辞。

没被雇用的交响乐队指挥会做什么呢？有人猜得到，他们会在某地狭小破旧的音乐学校里教小提琴，或在最不起眼的美国女子寄宿学校（见“恶俗大学”）里教授音乐欣赏课。没被雇用的演员的命运就没有那么神秘了。大多数糟糕的演员如果没有足够的演出和曝光率，无法晋身恶俗之列，就只能充当男女侍者了，这类人在“恶俗餐馆”中有讲到。

4. 恶俗的精神生活

回顾人类欺骗自我、渴望奇迹的全部历史，辛普森总结道：“人类是所有动物中最会发明、最会欺骗，也最容易上当受骗的一种动物。”所以，艺术和宗教都是人类特有的发明。

恶俗人物

我们周围恶俗的人太多了，要一一评判的话，即使不用一座图书馆的书，起码也要费一整本书，所以这里只列举一些例子。

真正恶俗的人往往要么与政治、要么与神学有关。这两个领域内的人都得在公众面前表现出强烈的廉洁和美德，因此都会造成表象与实质之间的鸿沟。我们已经知道，这种鸿沟正是恶俗的必备条件。说到这里，我想起了杰西 · 赫尔姆斯[①]、理查德 · 尼克松和他可耻的司法部长约翰 · 米切尔[②]，还有爱德华 · 肯尼迪[③]和盖瑞 · 哈特[④]。加州橙县的反动分子中流行一

[①] Jessie Helms（1921—2008），美国共和党参议员、极右派种族主义者，曾任参议院外交委员会主席。——译者注

[②] John Mitchell（1913—1988），曾担任尼克松竞选班子的主管，“水门事件”后辞职。——编者注

[③] Edward Kennedy（1932—2009），美国前总统约翰 · 肯尼迪的弟弟，曾任马萨诸塞州联邦参议员。——译者注

[④] Gary Hart（1936—），科罗拉多州联邦参议员、1987 年美国民主党总统候选人。——译者注

句祝酒辞："为祖国的大救星——玛丽·乔·科佩奇尼[①]干杯"，这句话同样可以用来赞美盖瑞·哈特的女朋友唐娜·瑞丝[②]。无数神职人员也很好地阐释了恶俗的鸿沟准则，比如吉米·史华格牧师、吉姆·巴克牧师[③]和文鲜明牧师[④]，他们都让表象与实质之间的鸿沟变得巨大宽广。

也有一些恶俗人物跟政治和神学都没有关系，比如贝丝·迈尔森[⑤]、莎莎·嘉宝[⑥]和利昂娜·海姆斯利[⑦]。我们也不该忘记埃德温·米斯[⑧]、詹姆斯·瓦特[⑨]、小莫顿·唐尼[⑩]、霍

[①] Mary Jo Kopechne（1940—1969），爱德华·肯尼迪的哥哥罗伯特·肯尼迪的女秘书，1969 年在查帕奎迪克岛死于爱德华·肯尼迪的车中，这个事件被称为"查帕奎迪克丑闻"。——编者注

[②] Donna Rice（1958—），模特、哈特的婚外情人，与哈特的性丑闻被媒体披露后，哈特被迫退出总统竞选。——编者注

[③] Jimmy Swaggart（1935—），Jim Bakker（1940—），两人都是红极一时的美国基督教电视布道家，后来都传出了性丑闻。——编者注

[④] Sun Myung Moon（1920—），韩国基督教教派统一教创始人、教主。自称 15 岁登一座小山时受到耶稣的启示，从此立志拯救全人类。1971 年为了宣传神的旨意而移居美国，曾先后因重婚罪、通奸罪、漏报所得税等罪名在朝鲜和美国入狱服刑。——编者注

[⑤] Bess Myerson（1924—），第一位获选为"美国小姐"的犹太裔女性，后来因骗税被定罪。——编者注

[⑥] Zsa Zsa Gabor（1917—），匈牙利裔美国女演员，曾当选"匈牙利最美小姐"，因结过 9 次婚而被称为好莱坞话题女王。——编者注

[⑦] Leona Helmsley（1920—2007），绰号"吝啬女王"的美国房地产业和酒店业亿万富婆，去世后将绝大部分遗产捐给了她和亡夫名下的慈善基金，她的宠物狗分到 1200 万美元。——编者注

[⑧] Edwin Meese（1931—），曾任里根政府的司法部长，参与掩盖"伊朗门事件"，后被迫辞职。——译者注

[⑨] James Watt（1938—），曾任里根政府的内政部长，是狂热的反环保分子，与宗教右派过从甚密，后因言论和政策引起非议而被迫辞职。——编者注

[⑩] Morton Downey, Jr（1932—2001），美国歌手、电视谈话节目主持人。——编者注

华德·科赛尔[1]、奥利弗·诺思[2]及其妨碍司法公正的忠实共犯福恩·霍尔[3]，还有可怕的威廉·贝内特[4]、罗伯特·博克法官[5]、杰拉尔德·里韦拉[6]、乔治·史坦布伦纳[7]和电影演员西恩·潘（Sean Penn）。

当今的恶俗冠军可能是库尔特·瓦尔德海姆[8]，他虽然不是美国人，但他在美国住了很久，接受了足够多的阿谀奉承，因此可以被看作是隐蔽的美国人。毫无疑问，恶俗的唐·瑞·迪克森（Don Ray Dixon）是美国人。他是得克萨斯州弗农储贷公司的老板，他的豪宅、牛仔艺术品收藏和为银行审查人员提供的妓女服务，总共花了纳税人13亿美元。而使丹·奎尔[9]

[1] Howard Cosell（1918—1995），美国体育记者，以吵闹、独断的性格而闻名。——编者注

[2] Oliver North（1943—），美国海军中校，曾任里根政府国家安全顾问、政治军事处副处长，因“伊朗门事件”被革职判刑。——译者注

[3] Fawn Hall（1959—），奥利弗·诺思的女秘书，在“伊朗门事件”中帮助诺思销毁文件。——编者注

[4] William Bennet（1943—），美国保守派卫道作家、演讲家，里根政府时期任教育部长和全国慈善捐款委员会主席，布什政府时期任全国毒品控制政策办公室主任。后来被媒体揭发长期嗜赌成性，编著有风行一时的《美德书》（*The Book of Virtues*）等道德说教著作，还是电视论道节目的常客，更以德育家的身份巡游全国，发表演讲。——编者注

[5] Judge Robert Bork（1927—），美国法律学者、极端保守派，因“水门事件”而出名，里根政府时期被提名为最高法院法官，但最终落选。——编者注

[6] Geraldo Rivera（1943—），美国律师、记者、作家、脱口秀节目主持人。——编者注

[7] George Steinbrenner（1930—2010），纽约洋基棒球队老板。——编者注

[8] Kurt Waldheim（1918—2007），外交家，联合国第四任秘书长（1972—1982在任），奥地利外长、总统（1986—1992在任）。——编者注

[9] Dan Quayle（1947—），布什政府时期的副总统，曾因拼写错误被媒体取笑为“不学无术”。——译者注

免于被贴上恶俗标签的唯一一点，是他还不够夸耀，所以他只是糟糕而已。

若要穷尽所有恶俗人物，只要注意一下美国文化死水中还能看到的汽车保险杠标贴，就能找出更多的恶俗人物。我们会发现这样一条汽车保险杠标贴：

感谢上帝赐予我们约翰·韦恩[①]、保罗·哈维[②]和罗纳德·里根这样的美国人。

已故棒球界人士比利·马丁（Billy Martin）肯定很糟糕，但也是恶俗之辈，尽管他偶尔也具备一些娱乐价值，比如当他说“我极其反感和厌倦别人叫我醉鬼，我已经两天没喝酒了”这类话时。布鲁斯·伯德斯（Bruce Borders）、史蒂夫·韦斯特（Steve West）、乔尼·哈拉（Johnny Harra）和汤尼·罗伊（Toni Roi）这类猫王模仿者们也是比利·马丁的同类。

上面提到的这些人还叫得出名字，成千上万不知姓名的恶俗人物都隐藏在人群中。他们就是会在看电影、看戏剧、听音乐会时闲聊的人，也是会在图书馆的书上乱涂乱画的人。

[①] John Wayne（1907—1979），好莱坞明星，以演出西部片和战争片中的硬汉而闻名。——编者注

[②] Paul Harvey（1918—2009），美国广播公司电台主持人、广播评论家，以和善、极富亲和力著称。据统计，每周有超过 2000 万人收听他的节目。——编者注

恶俗信仰

美国人每天都告诫自己要锻炼身体、要慢跑、要减肥，他们通常很注意自己的身体。美国人的身体也许比较粗俗，但成为当今丑谈的并非美国人的身体，而是美国人的心灵。电影《窈窕淑女》中语言学教授亨利·希金斯对过分关心自己头发好不好看的女人们提出的疑问，也可以拿来问大多数的美国人："他们为什么不把**内心的**杂乱也梳理整齐呢？"

为什么美国人会比其他国家的人更容易轻信别人？是因为教育体制的垮台吗？这种垮台使尖锐的因果推理思维变成了稀有之物，并创造出了众人追随的"精英"？是因为越来越多的美国人都上过恶俗的大学（见"恶俗大学"）吗？由于美国人普遍认为每个人都有希望从生活中获得丰厚的回报，尤其是《独立宣言》提出的目标之一——"幸福"，这种观念必然会导致失望。既然生活靠不住，就只能靠别人了，因此美国人才这么容易上当受骗？当你发现，跟随广告的指引大肆挥霍后，你仍然不“幸福”，（“这就是生活的全部吗？”）除了借助前兆、因果分析、奇迹祈愿布、脉轮平衡、水晶球占卜、预言、星象术、铜手镯（以对付讨厌的关节炎）、劫持UFO、造访外星人、往世疗法、体外旅行等方式寻找别的希望，你还能做些什么呢？托斯丹·凡勃伦[①]将这个国家描述为“类似精神病诊所的地方”，他认为整个国家就是“一个病例”：

> 如果你不能适当容忍某种普遍的精神错乱和心智混乱，你就无法公正地理解美国的病……这种精神错乱最常见也最清楚的证据，或许能在某种可怕的、狂热的轻信中看到。大部分美国人都得了容易轻信这种病。

美国人坚信，现实世界残酷且极其不公平地约束着人的欲望，所以人类自然而然会产生这样的期待：

体外旅行

> 你终于可以随心所欲地离开你的身体了，你可以安全又轻易地去到遥远的地方，去探望家人，与不在身边的情人约会，甚至跟神灵交流。
>
> ——《命运杂志》（*Fate Magazine*）中俯拾皆是的一则广告

---

① Thorstein B. Veblen（1857—1929），美国制度经济学鼻祖、社会评论家。——编者注

那种提供逃往星际空间所需物品的有用装备，还照顾到了美国人对实用的尊敬：“**《通往星际空间的方法：**星际规划实战指南》，包括书、磁带、冥想技巧、水晶球、香薰油和指导手册。”

只要一想到这个，你就会冷静下来：依据法律可以参加选举、可以做陪审员、可以拥有并使用武器、可以开车、可以自由地四处走动的美国人竟然会相信：

- 亚特兰蒂斯[1]
- 诺查丹玛斯预言[2]（“美国军队一被部署到中东，书店库存的诺查丹玛斯著作就卖了个精光。”——书店店员）
- 手相术
- 塔罗牌占卜
- 水晶球占卜者、“天才女预言家”等大师的“解读”
- 五角星形护身符[3]及类似护身符的魔力，能确保你“逢赌必赢”。
- 纸板金字塔的魔力，能使旧剃须刀片更锋利。[4]

---

[1] Atlantis，柏拉图著作和希腊神话中出现的一个神秘地区，传说后来沉没于大西洋。——译者注

[2] The prophecies of Nostradamus，16世纪法国著名预言家诺查丹玛斯写了《诸世纪》一书，他死后世界上发生的每一件大事，差不多都能被人附会到《诸世纪》的预言诗上。——编者注

[3] 古代刻有神秘字符的护身符常用到五角星，五角星出现于基督教产生之前，是有关自然崇拜的符号。——编者注

[4] 欧美许多人认为金字塔的形状使它贮存着一种奇异的“能”，即“金字塔能”。20世纪50年代，捷克一名无线电技师称，他将剃须刀片放在纸板做的金字塔里，结果发现它保持锋利的时间超过了别的剃刀。——编者注

- 轮盘赌也有记忆，所以会出于厌倦而不重复之前的路数。
- 创世论科学[①]
- 灵魂先在说。这一信仰已被证明往往与势利心相伴而生，如作家乔治·图默（George Toomer）指出的，能意识到自己不止活过一次的人都是显赫的人，绝不会是裁缝店雇员、清洁工或在大革命前的法国皇宫马厩里铲马粪的人。
- UFO。很多人相信每周三的凌晨1—3点是观测UFO的最佳时段。
- 幸运数字
- 尼斯湖水怪
- 北美大脚怪
- 有一种由乳香和没药混合而成的室内喷雾，喷雾喷出时，任何人作出的假设都能成真。

这些信仰比糟糕还更糟。它们恶俗，是因为它们代表了一种自负而强烈的欲望，要在不可改变的坚固现实中实现自己微不足道的愿望。如果这些信仰恶俗，“新纪元运动”[②]中的男女骗子就更恶俗了，他们每年都能从轻信他们的傻瓜身上捞到几百万美元。为了有助于行骗，他们给自己设计了荒谬夸张的头衔：比如心理测量师、超感心理学家、心理命理学家、生

[①] 一种理论，认为有科学证据可以证明《圣经》里的创世说。——编者注

[②] New Age Movement，是一种去中心化的社会现象，起源于1970—1980年的西方社会与宗教运动。涉及层面极广，涵盖灵性、神秘学、代替疗法，并吸收世界各个宗教的元素以及环境保护主义，产生了相关的生活方式、医疗理论、文学、新世纪音乐及经济商品。——编者注

态女权主义[1]者（其实那个女人的智力低于一般水平）、天才女巫、自然女祭司。还有人自封为“赢得国际赞誉的长笛演奏家／作曲家／治疗师”，还有人建造了自己的永恒智慧教堂，并自封为“首席大主教”（见“恶俗行为”）。

许多人只要被称为“灵媒”，就已经心满意足了。那位不敬的评论家乔治·图默只要一想到这个就禁不住疑惑，既然他们掌握着生活中的所有秘密，为什么不用这种神力来“清除粉刺”？可惜他们的语言能力很少能让他们在生意中大获成功，不然他们早就逃往里维埃拉[2]，远离他们居住的那些可怕的地方了：伊利诺伊州的斯科基、密苏里州的萨平顿、佛罗里达州的奥兰多、宾夕法尼亚州的埃梅厄斯、北卡罗来纳州的纽伯恩。被佛罗里达假日酒店解雇的一个可怜人靠救济金度日，却了解“快速敛财的方法”，只要付给他 8.85 美元，另加 1.5 美元的邮资和手续费，他就会把诀窍告诉你。一份心灵通讯杂志有个分类广告栏，上面一则广告的每个字眼都流露出愚昧的自我满足，刊登者是犹他州一名 50 岁的失败者：

本人虽不是一个严肃的学生，却有着广泛的兴趣：整体健康、海豚意识、因果论、往世研究、水晶球占卜、金字塔、超感官知觉、心灵成长、外星人、UFO、多线路传输、轮回转世、

---

[1] ecofeminism，将生态学与女性主义结合在一起的思想流派，出现于 1970 年代，反对人类中心论和男性中心论。——编者注

[2] 地中海岸著名的度假避寒地，范围包括意大利的波嫩泰、勒万特和法国的兰岸地区。——编者注

通灵意识、精神疗法……

“不是一个严肃的学生”！“广泛的兴趣”！从中你就可以看出,他所有的只是智力欠缺者伪装出来的一副伪学者腔。这个可怜的家伙一定是犹他州的资深上当者，犹他州以盛产笨蛋闻名，是美国名副其实的帕弗拉哥尼亚（Paphlagonia）。〔1748年，大卫·休谟在《论奇迹》（*Of Miracles*）中写道：“对于冒牌预言家亚历山大（公元2世纪的一个宗教骗子）来说……将首次行骗的地点放在帕弗拉哥尼亚（一个落后的罗马行省）实在是明智之举……那里的人都极端无知、愚蠢，会轻易相信哪怕最最明显的骗局。”〕

在所有这些荒唐的把戏中，最流行的可能是占星术，据了解，一些有教养的人甚至也被它骗了。由于不满现代生活中粗俗的物质主义(谁不是呢？)，甚至荣格也在其对生存意义的探索中沾上了一点占星术的边。在美国，相信占星术的人比你想象的多得多，他们至少会部分相信。南希·里根给里根总统提的一些建议完全来自占星术，之所以没有像“水门事件”那样使政府垮台，其中一个原因就是相当多的选民看不出依照占星术行事有多愚蠢。占星家们开始让自己变得职业，顶级占星家所属的美国占星家协会认为，欺骗性地发布星相观察的做法是“不道德”的。他们所谓的欺骗性，是指在不了解对方精确的出生时间和**出生地点**的情况下随意给人看星相。一个可悲的事实是，现在占星术凭借其吸引力已经影响到了学校的课程

（见“恶俗大学”）。纽约最富怀疑精神的人们会留意到报纸上一则梅西百货公司[①]的广告：

轻松赢学费

著名占星家、灵媒伊莲·休斯与数据库市场有限公司联合设计了一款占星幸运数字电脑。只要在电脑中输入您的出生日期和当天的日期，这个电子手握式占卜师就会一一展示您的幸运数字最佳组合，能为所有赌博游戏提供出色的指导，比如“每日选 3”、“每日选 4”彩票玩法，每周大乐透抽奖等等。

公众对占星术的信赖还远不止于此，他们甚至会被下面这种广告骗到：

宠物也能做精神分析！

只要提供您家宠物的出生日期、照片和性别，就能帮您读出它的心灵。仅费 25 美元。

人们想不到，推动此类事情发展的不仅有美国人，还有北美人，这一事实是一位获颁证书的占星师揭露的，他承认曾辅佐罗纳德·里根和南希·里根执掌共和党。为什么说还有北美人呢？因为加拿大阿尔伯塔省埃德蒙顿的上诉法院法官给这位占星师写信说：“你说我会遇到一个男人，上礼拜我的确在

[①] Macy's，美国著名连锁百货公司，旗舰店位于纽约市海诺德广场。——编者注

公共汽车上遇到了一位绅士。”

这类人很容易相信阴谋论。在他们看来，政府掩盖外星人无数次造访地球的真相就是至关重要的事情和国家级的丑闻。这些外星人喜欢在美国西南部的荒凉地带着陆，而不是加州理工学院、斯坦福大学、麻省理工学院或国家科学院附近。一个著名的事件，是一架“载人”UFO在新墨西哥州阿兹特克附近坠毁（选在那个地方坠毁一点也不奇怪），人们在飞碟里发现了“16具小个子类人动物的尸体”，但“高级军官和科学家”合谋，给这一事件贴上了“绝密”的标签，尽管在美国的帕弗拉哥尼亚人中，这一事件已广为流传[①]。不过，你只要付21.95美元的邮资，就能得到一本披露整件事情真相的书，这本书厚达612页。由此可见，美国政府才是阻碍公众实现自我、超越自我并认识来自其他世界的外星人的主要障碍。考虑到美国政府已经有条不紊地实施了“将上帝从美国学校里赶出去”(罗纳德·里根语)的政策，这一点其实不难预料。不过“科学”也该受到谴责，它那副猪脑袋死也不肯学一点占星术一类的新东西，这一点普林斯顿大学的詹姆斯·格雷克教授[②]可以作证。一大堆恼怒的人给他写信，原因是他的科普著作没有提到这些人的独立发现——“新宇宙论……的数理依据，股市战略，以及其他一切事物的伟大理论”。难怪他会哀叹：“呜呼，邮递

① 这一事件发生在1948年3月，后来证实是两个骗子为牟利而虚构的骗局。——编者注

② James Gleick（1954—），美国科普畅销书作家、著名科技专栏作家，曾在《纽约时报》担任了10年的编辑和记者。——编者注

员又来了。”下面列举了其中几封信的内容：

● 我已通知了两所大学……却没有收到任何回复。我的发现理清了量子物理学中的困惑。

● 这封信将揭示一种新的世界形态……与旧有观念截然相反。

● 外太空生物学智慧……好东西！逻辑清楚。

● 只要一个生化学方程式就可以……勾勒或阐释一个设计完美的宇宙与现存宇宙之间的区别。

● 就像那个胖女人用声音震碎玻璃杯一样，人类将用通奸震碎太阳系。

● 我将这些见解寄给过牧师、官员、学校和报社，可他们看都不看一眼，甚至哼都不哼一声。

● 我是谁？现在，我可以说自己是一名兼具17、18世纪气质的自然哲学家，我自称为哲学通才。

“这个国家到底怎么了？”格雷克教授问道，“我们应该是生活在一个科学发达的时代，一个教育普及的时代，一个公共电视台有科学特别节目、每天的报纸上有科学专栏、每两个高中生里就有一个拥有自己电脑的时代。”不错，我们的确生活在他所说的那个时代，但他忽视了恶俗的巨大力量，忽视了现在的民众普遍无法将怀疑和证据应用到因果论中（见“恶俗大学”）。

虽然还没获得显著的成功，但严肃的科学家们已在为公开研究恶俗幻想家和神经质患者而努力了。一批动物学家成立了传奇生物国际协会（总部设在亚利桑那州的图森，那个并非最有希望出现传奇生物的地方），以核实那些关于怪物的报告，比如雪人、北美大脚怪、尼斯湖水怪等。该协会的指导思想本应是怀疑和要求证据，但一些人，比如默克姆 · W · 布朗尼[①]称之为“美国古生物学泰斗”的乔治·盖洛德·辛普森教授[②]，认为该协会的传奇生物学家会作出不严谨的推测，从而像真的相信有传奇生物存在的人一样深受蒙蔽。回顾人类欺骗自我、渴望奇迹的全部历史，辛普森总结道：“人类是所有动物中最会发明、最会欺骗，也最容易上当受骗的一种动物。”说得太对了，我们正是唯一喜欢编造事物，并从中获取快乐的哺乳动物，换句话说，小说、艺术和宗教都是人类特有的发明。

不过，下面这些信仰都不算太糟糕：相信上帝能听到祷告者的祈祷，有时还会回应；相信死后会与家人重聚；相信只要跳过路上的每一条裂缝，好运就会到来；相信星星知道人间发生的一切。只有像里根夫妇那样，让这些信仰影响到与其他人相关的国家大事，它们才会变得恶俗；而当你向软弱的人宣扬它们，或者运用一切或诚实，或装腔作势、妄自尊大的方式（比如“我自称为哲学通才”），将你个人的看法传达给这个

[①] Malcolm W. Browne（1933—），美国记者、摄影师、普利策奖得主。——编者注

[②] George Gaylord Simpson（1902—1984），美国古生物学家、现代综合理论的奠基者之一。——编者注

漫不经心的世界，并强迫人们改变信仰时，它们就变得特别恶俗了。如果你这么做是为了赚钱，那你就恶俗到该下地狱了，那里的烈火将永远燃烧，以折磨像你这样的坏人（见《马太福音 25 章 41 节》）。

恶俗对话

如今，尽管恶俗的对话已成为全世界的通病，但它的发源地在美国，这一点毋庸置疑。在一个医疗数据显示平均每10个人中就有一个人精神错乱的国家，恶俗对话的存在不足为奇。并且这个国家认为巨大的噪音很重要，以致要你扯着嗓子大喊大叫，还要夸大其辞，毫无雅致、含蓄、智慧可言。讽刺的是，只要你想跟人交流，恶俗的对话就几乎是一种义务。对于大多数人来说，这是一种快乐——人们很少有机会表现自己，去找到一点自我感觉和对自己力量的小小幻觉。问题在于，是噪音导致了高分贝对话的恶俗？还是因为对话的内容太恶俗，只好提高音调，来盖住对话或结束对话？其实这两种说法都有道理，所以震耳欲聋的迪斯科音乐、雷盖音乐[1]及类似的音乐会这么流行。这类音乐响起的时候，谁还有可能谈话呢？

[1] reggae，一种起源于20世纪60年代中期的牙买加流行音乐，其明显特征是速度中等、强调反拍的重音。——译者注

而只要我们无法谈话，也就不会暴露出自己的肤浅和简单了（见“恶俗大学”）。

美国人在对话中打断对方的次数要比其他国家的人多，很可能因为在这样一个自以为人人平等的国家，每个人都想随时在对话中插入自己的意见，这样当然就没有人会听别人说话了，抢夺话语权更重要。同样奇怪的是，**也没有人真的指望有谁听他们说话**。

四十多年前，伊夫林·沃[1]在他的小说《受爱戴的》（*The Loved One*）中塑造了一个住在加利福尼亚的英国人——弗朗西斯·欣斯利先生，欣斯利先生对美国人尤其西海岸的美国人观察入微。他这样评价自己的邻居：“他们是一群宽容而慷慨的人，他们吵吵嚷嚷，却不指望别人能听他们说话。这一点要记住，宝贝。”他还向他的一个英国朋友保证：“这就是在这个国家社交毫不费力的秘密所在。他们高谈阔论全是为了自娱，他们所说的一切都不是为了让别人听而说的。”如果伊夫林·沃听到两个无聊的家伙没完没了、没有重点的对话，这两个人还对自己说的乏味笑话哈哈大笑，对于合力完成的那种真正的对话，他有什么建议呢？“我喜欢的对话，”他说，“能让我自然而然地适时想起某些奇闻轶事；能让我酝酿并最终讲出一些笑话来；还能引发幻想，但美国人对幻想一窍不通。”

在对话中打断对方的游戏只是为了打断，并非出于什么

[1] Evelyn Waugh（1903—1966），英国作家。——译者注

特定的目的或与话题相关的利益。据芭芭拉·艾伦莱彻观察，这方面也存在着明显的性别差异。她发现，男人打断女人的次数要比他们打断其他男人的次数多得多，也比女人打断男人或女人打断女人的次数多得多，尽管有了女权主义运动，女人们却还是很腼腆。

艾伦莱彻还发现，随着旧的核心文化解体、粉碎，人们之间的对话日益受阻，这就使人们将假定的交谈者局限在了各个互怀敌意的“利益群体”当中，由此便产生了该跟陌生人谈些什么的问题。当然，有关天气的话题总是少不了的。但正如艾伦莱彻所说，除非我们能设计出“一些人人都能听懂且内容随意的都市小型对话方式”，否则，漫不经心的对话就必然会变成种族侵犯、性别侵犯，或个人的抱怨，或政治观点的对立，或自哀自怜的家长里短。

为了使对话保持平和而非咄咄逼人，美国人发展出一种约定俗成的社交规范，就是英国观察家西蒙·霍格特[①]所谓的“地理联系”。这为积极的谈话提供了动力，又丝毫不会触及敏感话题。霍格特举了一个例子：

甲：各位先生从哪儿来？

乙：我们来自俄亥俄州的代顿。

甲：噢，是吗？我丈夫埃弗雷特有个远房堂兄，以前就住在俄亥俄州的辛辛那提。

[①] Simon Hoggart（1946—），英国记者、媒体评论员。——编者注

乙：真的吗？几个月前我还在辛辛那提呢！

诸如此类。

在美国这样一个幅员辽阔（地方很多）的国家，这种谈话可以持续好几个小时，双方还都很满意。感谢上帝，如果没有这种社交规范，只要一小会儿，交谈的一方就有可能发现另一方对以下事物的态度绝对很可耻：

鲸鱼

海豚

无家可归者

流产

不同意将终身职位授予非常杰出但很年轻的大学教师

女人们在各个领域都受到的可怕对待

这样一来，更深入的谈话就不可能出现了。正因为如此，在恶俗的对话中，愤怒和嫉妒总是濒临爆发的边缘。交谈者似乎会因为没能说出某些有力的话语，而产生持续的烦乱，还会因为美国梦及其内含的承诺被无情地打破而产生挫败感。这些情绪，或许又是大家一直对自己的生活感到失望的结果？

不论出于什么原因，恶俗的对话都很少触及与对话无关的客观现象，几乎总是在念叨个人的需求与想象。这种对话对别人的所有冒犯，其实是一种无声的求援。这尽管令人感到同情，却丝毫不减其枯燥乏味。

恶俗行为

如前所述，我们要学会区分恶俗行为和纯属无害的糟糕行为，这类糟糕行为包括对陌生人说“祝你愉快”，或给自己的女儿取名“金柏莉”[1]等等。一旦糟糕行为变得具有侵犯性、装腔作势、虚伪或道德丑陋，就会变成恶俗，但不少人都觉得那种可怕的行为没什么道德上的不妥，甚至还蛮不错，比如参加“联谊晚会”，野心勃勃的年轻人在晚会上互换名片，以期在商海中崛起。在这种晚会上，交结朋友、排遣寂寞等寻常的社交动机都被歪曲了，呈现出来的只有野心，那些感觉迟钝的人却以为他们的行为很可敬。这种伪装、欺诈和自以为的友好亲密使根深蒂固的恶俗践行者未经允许就直呼陌生人的名字，并在转眼间掺和到别人的私事里去。菲利普·罗斯[2]在《解放

[1] Kimberley，指出生于皇家的人。——编者注

[2] Philip Roth（1933—），美国小说家，曾获美国国家图书奖、普利策奖。——编者注

了的朱克曼》（*Zuckerman Unbound*）中描写主人公内森·朱克曼讨厌的、新近成功的小说家艾温·柏普勒的行为时，准确地捕捉到了这种腔调：在纽约的一辆公共汽车上，柏普勒突然冲朱克曼说："你他妈这么有钱，还坐公共汽车干嘛？"

这是恶俗的一种侵犯性表现，也有一些恶俗很可怜。一些靠吃回扣过日子的零售店店员不得不履行职责，给顾客寄去假装彬彬有礼的伪善小卡片，比如：

> 这只是一张便条，好让您知道我非常高兴能在××零售店为您服务。希望不久前的消费带给您很多的快乐，也希望很快就有机会再次为您服务。欢迎随时打电话给我。

显然，这原本是一声绝望的哀嚎，却被恶俗地伪装成了友善的关怀。

礼仪小姐是敏锐的恶俗观察者，也是当今最值得信赖的权威之一：

> 亲爱的礼仪小姐：我在承接的婚礼业务中发现，许多婚礼请柬都附有小卡片，上面写着新娘拥有会员卡的商店名称。请问这是品味高尚的表现吗？
>
> 有教养的读者：不是的。这么做表明她们的品味很低劣。如今，人们已不再要求新娘像过去一样会假装了，但如果有人要送她们礼物，她们还是有必要装出惊喜和高兴的样子的。

确实，婚礼为恶俗行为提供了最多的机会。比如在宴会上展示礼品，礼品中都附有表达送礼者的惊叹与赞美的贺卡；或在婚礼过程中毫无节制地挥霍，假装“豪华”。让我们看一看某家豪华轿车服务公司提供的“婚礼包装”服务（收费标准是前3个小时每小时165美元，之后每小时加30美元，“外加15%的小费”）清单中泛滥着的恶俗之气吧：

> 配有司机的豪华轿车（白色超长型，您尽可放心）
> 身着燕尾服的职业司机（！）
> 红地毯铺路（从豪华轿车后门一直铺到结婚仪式的第一步）
> 随赠一瓶冰镇香槟

另付85美元，你就可以享受一次假装随意的“气球放飞”活动，将放飞100只气球（每加一只气球，就多收1美元）。假如你愿意抛弃所有的自然和随意，你还可以定购一块事先做好的标贴（上面写着“**新婚**”，费用是25美元），贴在豪华轿车的尾部。一块批量生产的标贴要价25美元，似乎贵了点儿，但这25美元还能让你得到“挂在车边的2条彩色飘带、2个彩色绒球，挂在车前的3只婚礼铃铛和挂在汽车尾部的4只气球”。**如此装扮**之后，人们就会注意到你了！可惜这家公司忽略了一点，他们还可以出租3到5个用绳子串起来、拖在婚车后面的易拉罐。（当然，这项服务可以另收10美元）

在里根执政的后期，公开的贪婪都被伪装成了善举，在这种氛围下，高中毕业典礼都沦为了恬不知耻、利欲熏心和口是心非的场合。如今，你可能会在春天收到一张类似请柬的东西，邀请你参加某个社交活动。认真阅读后，你会发现这张单子上写的，其实是一个17岁的陌生人请求你送他一份礼物，能送钱当然最好了，因为你根本不知道他是谁，喜欢什么东西。这并非真正的请柬，而是一份“通知”，里头还夹着一张卡片，卡片上写着希望你慷慨送礼的那个人的大名，通常还附有邮寄地址。

电话也为恶俗行为广开门路。比如一接起电话，对方就说“虽然您不认识我，但……”；一些办公室的程控电话还被用来做忸怩作态或粗鲁的事情，比如让打来电话的人按某个数字，以找到他们想找的人（“广告部请按3”），他们可能过于先进了，以致对还有人使用拨盘式电话机感到不可思议。在恶俗成为流行病之前，还有交换台的接线生帮你接线，而现在，另一种恶俗的形式是让你等待（“请不要挂机”只是委婉的说法），然后放一段可怕的音乐（见“恶俗音乐”）给你听。真正令人作呕的，是一些人在车里用“移动”电话跟人通话（或假装通话），希望更粗俗的人羡慕、嫉妒他们。

其他种类的主要恶俗行为列举如下：

- **去掉酒精饮料中的酒精**，让消费者觉得自己在喝酒，但其实又不含酒精。其结果，是发明了极其美国、极其恶俗的轻度酒。一个人要么喝酒，要么不喝，但绝不应该将沉迷于酒精的乐趣与自以为克制（戒酒）的乐趣混为一谈。

● **将人造纤维加入不该加入的物品中**，比如床单、枕套、毛巾，尤其是餐巾。

● **带传呼机参加聚会**。会这么做的人是个（用伍迪·艾伦的粗话说）“时时刻刻都得跟人保持联系的白痴”。传呼机，无论真伪，已成为地位低微的人暗示自己具备高度职业性和社会价值的普遍方式。这类人你常常会在联谊晚会上遇到。

● **自我欣赏的慈善活动**，比如在结婚请柬中附一张卡片，上面写着：

我们了解运气不好的人和无家可归者的困境，请带一件富余的冬衣给他们。

第二句话尚可接受，第一句则恶俗无比。

● **在公共活动中用便携式摄像机打扰别人**。这种人只要买了一件昂贵的物品，就以为自己拥有了妨碍、打扰他人的特权。

● **用白色绉纸做的帽子和礼服打扮要参加“毕业典礼”的幼儿园小孩**。恶俗程度仅次于用浅蓝色人造丝做的帽子和礼服装扮高中毕业生（见“恶俗大学及学位服附录”）。

● **给猫和狗取做作的名字**，以炫耀自己花费不菲的教养。比如，把猫叫作克吕泰涅斯特拉或海丝特·白兰[①]；把狗叫作

[①] Clytemnestra，希腊神话中斯巴达皇后海伦的双胞胎姊妹、阿伽门农之妻，与人私通并杀夫，后来被自己的儿子杀死；Hester Prynne，美国作家霍桑的名著《红字》中的女主人公。——译者注

亚哈或托比·培尔契[1]。会给宠物取这种名字的恶俗人物，也会将令人尴尬的名字强加给无助的孩子，比如给女孩起名叫艾略特或查尔斯[2]，给男孩起名叫邓斯坦、麦乔治或斯特林费罗[3]。

● **追随名流。**“名流”这一观念本身就是恶俗的，让我们请麦当娜共进晚餐吧！

● **自己开车，但技术很烂。**最近在新泽西州发生的、针对交通事故高保险费率的政治抗议中，没有一个人提议通过提高驾驶技术来降低保险费率。

● **引人注目地当众锻炼。**这是一种自我感觉良好的行为，因而也是最恶俗的行为。这一行为大约 30 年前开始风行，并传遍了中产阶级。有人通过散布谣言的方式，想给这种行为贴标签，说只有性变态才乐于此道。毫无疑问，这话说对了一部分。但很快，一大批素来体面的人也开始用这种方式炫耀了。如今，跑步练习、呼吸练习、用招摇的小哑铃做举重练习已经变得过火了，练习者头上还常常戴着耳机。除非他们自己意识到要端庄得体，否则已没有什么力量能阻止他们当众锻炼了。

● **伪善。**比如零售店店员和侍者问顾客：“今天过得怎么样？”（见“恶俗餐馆”）

● **对“幸运轮盘”、“家庭恩怨”一类电视秀滥施掌声。**电视台期待这类节目能引起观众自发的热情和快乐，只有白痴

---

[1] Ahab，《圣经》中邪恶的以色列王；Toby Belch，莎剧《第十二夜》中的一个配角。——译者注

[2] 都是男孩名。——译者注

[3] 都是地名。——编者注

才会上当。这类节目所表达的，只有嘉宾们在顺从某位乖戾的节目制作者的指令后得到的确信的快乐。

● **滥用"生活方式"这个词**，并且总在注意别人的生活方式。尤其恶俗的是依照华而不实的杂志的建议，频繁改变自己的生活方式。

● **排队时挤来挤去**。排队时厚颜无耻地挤来挤去的人通常来自较低的社会阶层，他们早已习惯于为其所需而战斗了。他们的行为如果还能让人理解，那就是糟糕的。更胆小怯懦，却一样爱出风头、一样贪婪的中层和中上层人士排队时挤来挤去就是恶俗了。他们挤起来更为机巧。他们不会硬挤入队伍中，并露出"你敢把我怎么样"的架式，他们非常诡诈，会迂回地**挤到你边上，而不是前面**。他们会视你暧昧的容忍度而行动，希望你无视行与列之间的明显界限，他们以为只有军人才懂得行与列应该存在明显的界限。对付他们最好的办法是出其不意地、大声地强烈抗议，如果你做得到，也可以用亵渎和肮脏的字眼痛骂他们，免得他们以为你太斯文，不会发火。记住，这一招只有出其不意才能奏效。

● **由于军事策略太过"聪明"，而将事情搞砸**，比如1980年4月卡特执政期间，政府企图派人驾驶直升机在德黑兰附近的沙漠着陆，以营救关押在伊朗的人质。虽然他们倚仗自己拥有招摇的武器装备（其中最常见的一种武器就很恶俗），这一计划还是以惨败告终：美利坚合众国再次蒙羞，8人死亡，5人受伤，人质无一获救。美国人觉得太丢脸了，便转而相中罗纳德·里根出任总统。其实，问题的关键不在于让谁做总统，而在于招摇的技术根本无法弥补人类根深蒂固的愚蠢和无能（见“恶俗的海军导弹发射”）。

● **给黑白电影“上色”**。这是对过去的有意冒犯，是对传统的黑白手法的冒犯，黑白手法能拍摄出正宗的白领结、白色燕尾服、白色起居室和白色夜总会；这也是对艺术传统的整个精致理念的冒犯，如电影评论家莱斯利·哈利韦尔（Leslie Halliwell）所言，电影中的彩色很恶俗、很不恰当，因为彩色“在模仿现实……黑白却如魔鬼一般，能唤起电影自身的情绪和对自身的评判”。你到底要的是逼真，还是艺术？（见“恶俗报纸”和“恶俗的公共雕塑”）

● **只谈论音乐，却不去演奏**。恶俗行为总让人觉得，所有的“文化”体验都必须具备进步意义和教育意义，这种观念是在咒骂我们这个没有安全感却装腔作势的无知社会。

● **将肖恩(Sean)这个名字拼写成“Shawn”或“Shaun”，甚至“Shawon”**[①]。将一个明显的爱尔兰名字强加给一个从未听说过梅奥郡[②]的男孩已经够糟的了，偏偏还要拼写得乱七八糟，让人不知道该怎么读，这就变得恶俗了。就好比将影星肖恩·康纳利（Sean Connery）的名字拼写成“Seen”（西恩）。

● **在电视转播的体育赛事上展示自己制作的标语牌**。如果标语牌上只写着“加把劲，左撇子！”，那还算无害；如果

---

① “Sean”是爱尔兰最常见的男子名;《格调》中讲到，中产阶级将“Sean”拼成“Shawn”等形式，是为了让别人能发对音。——编者注

② County Mayo，爱尔兰西北海岸的一个郡。——编者注

写着“操他妈的巡警！”，那就是糟糕的了；如果写的是“《约翰福音 3 章 16 节》”或“《约翰福音 14 章 6 节》”，那就是自以为积极进取的恶俗表现了。

● **公开发言总会超时。**每天都有大量的人重复这一无能、自私、令人厌烦的恶俗行为。

● **给自己安上令人印象深刻的头衔**，比如预言家、大师、导师或治疗师。（见“恶俗信仰”）

● **吓唬旅行者，让他们买你的旅行支票**，暗示他们如果不这么做，他们的旅行就将变得一塌糊涂。

恶俗想法

糟糕的想法就是那些显然站不住脚的想法，比如从上往下建一幢楼。有些人却总会被此类想法说服，并相信它们能够实现。但大多数人认为它们除了充当笑料，想这些东西纯属浪费时间。然而，恶俗的想法却被广为接受，并十分常见，以致人们对它们毫无争议。

比如，有人认为邮局应该自负盈亏，而不应该像海岸警卫队、空军和其他必要的公共服务机构那样吃皇粮，与此相关的一个恶俗想法是：邮费常常上涨不是由通货膨胀引起的；一个更为恶俗的想法，是认为一个人有没有权利获得更好的教育，应该取决于他爸爸有多少钱，这一想法似乎很少受到质疑；还有一个恶俗想法是：艾滋病患者、无家可归的人、穷人和瘾君子都不值得同情，他们只是在承受上天公正的惩罚，我们什么都不做的话，他们就会自行消失；还有，美国人并非真的需要美国铁路公司的公共铁路服务，因为联邦政府对公共铁路的拨款津贴最终会对赢利的汽车销售行业产生很大的影响。

在道德严格且愚昧无知的地区，流行着一个恶俗的想法：在高中校园发放避孕套等于鼓励性交。好像不发避孕套就没有人会性交一样；看上去很像25美分硬币的苏珊·B·安东尼[①]一美元硬币也是一个极其恶俗的想法，这个想法来自欧洲式无知官僚的建议，他们竟然没有想到高面值的硬币就必须更重一些，**颜色**也应该有所不同，英国人很多年前就已经吸取了这个教训；还有一个更为恶俗的想法，是认为军队应当能影响国内外政策，或认为其他领域内社会或政治措施的实施应该参照军队文化。

在学术界和自认为自己是知识分子的人中间流行着另一些恶俗的想法。在这个领域，研讨会和学术小组讨论会泛滥成灾一点儿也不奇怪，还有什么比这些活动更能逃避艰辛而孤独的阅读、思考和写作呢？那些读过不少书却很少写东西或写得不怎么样的人倾向于相信，任何一个作家倾其一生研究的，终究还是他20年前完成的那部书的主题，这些人认为作家跟他们一样乏味、停滞不前。这类知识分子比较热衷于自以为是的事情，正是他们（还有政客），想出了不时更改国名这一恶俗的主意，给历史和地理研究制造了不必要的麻烦。正是他们，决定锡兰现在改叫斯里

[①] Susan B. Anthony（1820—1906），美国女权运动第一人。——译者注

兰卡，罗德西亚改叫津巴布韦，上沃尔特改叫布基纳法索[1]。也正是他们，是将纽约第六大道改称为“美洲大道”这类恶俗想法的始作俑者。我们应该将郊区街道不设人行道这一恶俗的想法归功于那些聪明的建筑师、城市规划师和房地产开发商，这个想法有效地打击了民众的好奇心和研究精神，就好比图书馆将索引卡电脑化打击了读者的好奇心——可能会有意外的发现。

从马克思主义到无过失汽车保险（如P.J.欧鲁克[2]所言），许多恶俗的想法都源自于“与现实毫无关系的宏大理论”。一个真正恶俗的想法是，你只要买6盘保证能提升自信心的磁带，听完并相信它们之后，就会以为自己真的很棒。但你的朋友们会很快指出你大错特错了，于是你又回到了老样子，只是付了49.5美元的价钱和3.5美元的邮费后变得更穷了。阿诺德·帕尔默[3]说：“我在淋浴时产生过一些最棒的想法”，他的这些想法并没有被人类所抛弃，因为他的浴室里总预备着微型盒式磁带录音机，准备随时记录他的“真知灼见”。凡此种种，统统都是恶俗的想法。

更为恶俗的还是美国特有的恶俗想法，如作家简·沃姆斯利（Jane Walmsley）观察到的那样，这些想法使我们有别

[1] 位于非洲西部沃尔特河上游的一个内陆国家。——编者注

[2] P. J. O'Rourke（1947—），美国政治讽刺作家、记者、《纽约时报》专栏作家。——编者注

[3] Arnold Palmer（1929—），美国职业高尔夫球手、美国历史上第一位广为人知的体育明星。——编者注

于其他的人类，还“可以解释美国人许多浅薄而古怪的行为”，比如慢跑、节食、面部拉皮手术、尸体冷冻[1]（用行话说是“**人体冷冻法**”）、染发、歧视老年人等等。她发现：“美国人认为死亡是可以任意选择的。”

[1] 急速冷冻尸体，保存以待来日科学发达时使其复活。——编者注

恶俗语言

我们有必要知道，一开始，恶俗语言并不糟糕，比如“**放屁**”或“**混蛋**”。一开始，恶俗语言更像用“**赌博**”代替“打赌”，用“**褐灰色**”代替“鼠灰色”，用“**开胃菜**”代替“开胃小吃”，用“**淋浴活动**”代替“下雨”，用“**未偿还的贷款**”代替“**坏账**”，以及用“**有人住过的家**”（或“**二次销售的家**”）代替“二手房”。我们的语言当中肯定存在着一种欺骗的冲动，想遮掩令人不快的东西，将普通的东西提升为令人向往或非凡的东西，通过对矫揉造作的由衷赞美来抬高毫无价值的东西，而这种冲动在我们说“**混蛋**”的时候还不存在。带着这种冲动说话，其目的几乎总是想从那些容易轻信和缺乏安全感的人身上捞钱，欺骗天真、注重外观的人。

当然，本书到此为止讨论的恶俗事物总会在某个方面涉及装腔作势的语言，从逻辑上讲，单辟一章来讨论恶俗语言很难。我们需要不断地交叉阅读，下面的话题就要求我们参阅“恶俗大学”一节。比如与教授有关的恶俗：当一个教授把他的“科目”称作“**学科**”时，他只不过耍了一个自我夸耀的小花招，（自以为是地）将自己抬高到一些只对某些事物好奇的人之上，这些事物对他而言只是“**爱好**”或“**兴趣**”，至多是“**某个领域**”。“**学科**”是教授们发明的词，专门用来炫耀自己比一些人高明，这些人无法通过写作教授们只是感“兴趣”的事物为生，至少不会经常谈及这一事物。同样，“**跨学科**”这个经常会在校园里听到的高级术语，如此极尽卖弄，意思却很简单，指的是“跟多半知识分子一样不止对一样事物感兴趣的人研究的学科”，你高兴的话，还可以说这个学科不像一般学科那样乏味、褊狭。一旦开始用“**学科**”代替“**某个领域**”或“**科目**”，你就会像约翰·霍普金斯大学[①]出版社为它的一本书做的广告那样结束你的谈话：“跨主题只是无视学科的分界线（**什么的分界线？**），却对整个世界性主题起作用。”此处的矫揉造作，能使所有人了解我们必须了解的“正宗、十足、18K 金、百分百恶俗”等词语的含义。

在更为粗俗的环境中为销售产品而使用的广告技巧也差不多。当电台商业广告说：“如果你渴望获得”，我们就知道，这不过是“如果你想买”的恶俗说法（见“恶俗广告”）。恶俗语言本质上的虚假有时太离谱了（“您是一个多么伟大的观

[①] The Johns Hopkins University，简称霍普金斯大学，是一所位于美国马里兰州巴尔的摩市的著名研究型私立大学。——编者注

众啊”），对一些人却总是奏效（见“恶俗的电影演员及其他演员”）。可以直接说“**顾客**”时，为什么要说“**贵宾**”，从而使那些头脑简单的人上当呢？那些人会以为夜床服务和糖果是亲昵友善的表示（见“恶俗酒店”）。为什么不能对旅客坦言真相，非要用“**将飞机开入水中**”代替“**水上迫降**”呢？为什么可以说“**晕机**”，却偏要用“**恶心**”代替呢？（见“恶俗的航空公司”）

矫揉造作和委婉语于是成了恶俗语言的特征。在美国这样一个公然宣称平等的国家，矫揉造作和委婉语为人们提供了一种特殊的诱惑，因为在这个国家，尊严和尊重是大家都追求的东西，但从真正意义上说，很少有人能得到它们。托克维尔[①]这样评论早期的美国："没有哪个国家的公民像民主国家的公民这么卑微。”在这个民主国家，个人的重要性几乎不可能由继承得来或**从职权中**得到，因此，人们便不懈地追求着个人的社会地位。如果你尚未获得社会地位，你可以通过大多数美国人选择的方式——口头炫耀——来获得它。如果用了委婉语还是得不到，人们就会想，可以通过增加音节来凸显自己的尊严，就是在表达观点时增加音节，就像用文字增加话语的“分量”一样。所以，用“健康”（wellness）代替“健康”（health），用“**协助**”（assist）代替“**帮助**”（help），用“**一次非凡的就餐体验**”代替“**一顿丰盛的晚餐**”，用“**一次非凡的阅读**

[①] Alexis de Tocqueville（1805—1859），法国政治思想家、历史学家，其最知名的著作是《论美国的民主》。——编者注

体验”代替“**读到一本好书**”等等都变得很流行。如此夸张地增加音节，有时也是为了委婉，比如用“**香味**”（aroma）代替“**气味**”（smell），但更常见的目的只是为了增加语言的分量和音节的数量。“**手表**”(watch)变成“**计时器**”(timepiece)，就像“**选择**”(choice)往上提升一点就变成了“**选项**”(option)，谁不想有两种以上的选择，音节数量还翻了一番（见“恶俗广告”）呢？直接谈钱对某些人来说是有失文雅的冒犯，于是“**工资**”（pay）被提升为“**报酬**”（compensation），“**费用**”（fee）变成“**酬金**”（honorarium）（见“恶俗大学”）。“**钢笔**”太低级、太实用，想让它给人留下更深的印象、变得更有价值，可以叫它“**书写工具**”。近来很少在这类矫揉造作的术语中听到“**方法**”（method）这个词了，因为人们现在只说“**方法论**”（methodology）：“我赞同他的研究成果，但我本该采用一套不同的研究方法论的。”(这么说话的教授十有八九会将“科目”称作“**学科**”。)

如果你厌倦了一个地方，想住到另一个地方去，那你就“**搬家**”（move）吧，可这么说的话，你就是在做非常不引人瞩目而且微不足道的事情。为了使你的行为变得更重要，你应该说“**迁徙**”（relocate）。明明可以说“**作了决定**”（make a decision），或更好一点，说“**下了决心**”（make a determination)，为什么还要冒着被人看出你很平凡的风险，说自己已经“**决定**”（decided）了呢？可以说“**拥护**”（be supportive of）某项事业，又何必说“**支持**”（support）它呢？可以说给“**赏钱**”（gratuity）时，又何必要说给“**小费**”（tip）呢？根据赫克特和麦克阿瑟合著的《头版》[①]的描绘，报社记者都是低级、粗俗之人的代表，热衷于玩世不恭、酩酊大醉，还会在室内戴帽子。要将他们改造成严肃、清醒（没喝醉酒）、有价值的“专业人士”，如他们老板希望的那样尽量少展现古怪和失控的一面，我们可以像《今日美国》报的某位编辑一样，称他们为“**信息发布系统**”。怀着相似的对此类庄严的向往，人们将“**下雨**”（rain）说成“**降水**”（precipitation），戏剧界将“**舞蹈**”（dance）说成“**移动**”（movement），商界则将“**亏损**”（loss）说成“**赤字**”（shortfall）。

“**推销员**”（salesman）这个词的命运既证明了人们对高级事物的欲望，也证明了普通美国人面对令人不快或有损人格的事物时会感到不舒服。曾几何时，**推销员就是推销员**，正如在戏剧《推销员之死》中一样，推销员毫无疑问是个有用的人，只不过社会地位比较低，且往往会让自己讨人厌；如果推销员是女的，既然女人们已被允许出门工作，那就很有必要令人愉快地增加一个音节，将这个词扩展成“**推销人员**”（salesperson）；随着时间的推移，人们觉得需要更多级别的推销员了，于是3个音节就适时地扩展成了5个音节的“**销售员**”（sales associate）；然后是6个音节的“**销售代表**”（sales

[①] 赫克特指本·赫克特（Ben Hecht，1894—1964），美国剧作家、小说家；麦克阿瑟指查尔斯·麦克阿瑟（Charles MacArthur，1895—1956），美国剧作家、电影编剧、导演、演员；《头版》（*The Front Page*）是他们合著的、描写小报记者的好莱坞戏剧。——编者注

representatives）；紧跟着，人们又发现还可以扩展成 8 个音节的“**销售员**”（merchandising associate）；从前的“**销售经理**”（sales manager）只有 4 个音节实在太寒伧了，干脆就从字面上将它晋升为“**销售副总裁**”（vice president, merchandising），这样不光有了 8 个音节，也增添了一点美妙的委婉意味。

将“**毒品**”（drug）说成“**管制物品**”（controlled substance）是令人愉快的委婉说法，还增加了 3 个音节，从而暗示说话者够资格被视为一个人物。既然大多数委婉语都比它们代替的令人难以忍受的词有更多的音节，用“**大脑发育滞后**”（developmentally delayed）代替“**弱智**”（retarded）和“**低能**”（feebleminded）就不足为怪了，这么做可以直接增加四五个音节。博物馆想处理一些珍贵的藏品时，可以“**出售馆藏**”（de-accession），这比那个粗鲁的词“**卖**”（sell）音节更长，也更委婉。

将“**黑人**”(black)改称为“**非洲裔美国人**”(African-American)这场运动背后原本有一个秘而不宣的动机，现在也昭然若揭了：7 个音节给人留下的印象比一个音节要深刻 7 倍。我知道这可能难以置信，不过在芝加哥奥哈拉机场（见“恶俗机场”），我的确在一扇通往跑道和停机坪的门上看到这样一块标识牌：

警报通道：

开门前请先输入安全密码

（见“恶俗标识”）这比“警告：不输入安全密码直接开门，警报就会拉响”要气派得多，当然也比“仅限内部使用”更为炫耀。如果约翰·霍普金斯大学出版社那个图书广告的作者担心别人以为他只受过基础教育，这块标识牌的作者也一样，他们无疑都是真正的美国人——生怕别人不把他当回事儿，这在民主国家很常见。

这个现象在军界尤为严重，他们总对自己的社会接受度充满疑问。用“**国防**”（defense，比如国防部、国防部长等等）代替简单诚实的“**战争**”（war），既符合军队的社会等级，又比较委婉。同理，“**战役**”（campaign）比“**战争**”（war）更好更长，比如“当战役结束……”但并非所有增加音节的把戏都能成功。“**人类遗体袋**”（human remains pouches）一词的设计者已经煞费苦心了，虽然这个词的音节数量令人难忘，但作为“**运尸袋**”（body bags）的委婉语，这个新造词似乎就没有那么成功了，还没有用“**镇压目标**”代替“**摧毁目标**”一半成功（**此处的目标**可以是一群人、一栋建筑或一处营地）。

近来，恶俗语言已经司空见惯了。如果说话者和听众、作者和读者都是诚实可靠的人，如果他们不被允许谦虚简朴地表达，在公共场所就没什么可说的了。确实有不少航空用语是委婉语，也有很多航空用语大概是为了与威严的技术场合应有的尊严和复杂性相匹配。比如这个指令：“飞机即将着陆，请熄灭所有冒烟的东西。”瓦格·怀特曼（Wag Michael

Whiteman）评论道：“我没有什么东西在冒烟；既然雪茄和烟斗都不让抽，为什么不直接说香烟呢？”的确，为何不说“立即熄灭香烟”呢？怀特曼还注意到“请在飞机完全停稳后再离开座位”这句话中的装腔作势。“难道停稳不是完全停稳吗？”他问道：“什么叫完全停稳？”驾驶员经常向乘客保证：“我们立刻起飞。”他的意思是“**马上**”，但他不能忍受那个低级的词危及自己的尊严。明明可以叫“**女乘务员**”或索性叫“**航班服务员**”，为什么要叫“**空姐**”呢？这就像将“**清洁工**”称作“**废物处理工程师**”或更动听的“**废物回收利用工程师**”一样美妙。

也只有在飞机上，你才能看到“**呈上**”这个词被专门用来装腔作势。一份航空餐菜单上写着：“将为您呈上精制小圆面包”，按得体、谦虚和恰当的正常标准，“面包”之外的其他词语都应该删掉（见“恶俗餐馆”、“恶俗的航空公司”）。事实上，“**呈上**”一词已经与伪贵族和冒牌货如影随形了。一家喜欢将自己的产品称为“**书写工具**”的钢笔公司，声称你只要花150美元就可以拥有它生产（批量生产）的一款自来水笔，这支笔将“用一个豪华的胡桃木笔盒为您呈上”，说得好像那支笔真是一件贵重物品，是一件货真价实的“艺术品”，而你则成了一位高级鉴赏家（见“恶俗物品”）。

我在《格调》一书中说过欺骗性地用“**家**”代替“**房子**”的情形，类似于用“**旅行**”代替“**旅游**”。贪婪引发了两方面的堕落，一方面是“房地产经纪人”（地产代理人的恶俗说法）

出于贪婪，希望他们的商品能使人产生温暖、舒适的联想；另一方面，招徕旅游和坐船旅游生意的人出于贪婪，希望说服天真的旅游者，让他们觉得加入人很多的旅游团是在获取“旅行”经验。“**家**”和“**房子**”是两码事儿，这一点曾经毋庸置疑，所以会有这两个不同的词。很显然，“**拆房子的人**”和“**拆散家庭的人**”不是一回事，尽管我们这个新时代的文雅和感性正推动着恶俗现象的发展，并不断地消灭着本应存在的差别。如今还有谁记得，过去我们曾经老老实实地称“**建筑物**”为“**建筑物**”，而不是“**家**”？一家很大的报纸最近上了地产业的当，错误地将“供应膳食的旅馆”称为“**供应膳食的家**”。我们肯定很快就会看到“**妓家**”、“**色情的家**”“**卖淫的家**”[①]一类的词。我没有猜错的话，一大批可怜的美国人都希望能**买到**一个美好的生活，就像“那些人真幸运，他们住在一个价值百万的‘家’里”描述的那样。如今，甚至公寓也被恶俗语言改造成了面目全非的东西。在一个公寓楼的销售广告中，唐纳德·特朗普为了使这栋公寓在字面上吸引人，将其称为“宫殿”，并声称：

现在，在特朗普宫殿中，我们建造了一系列宫殿般的家。每个家都经过精心设计，以满足那些致力于尽情体验生活的人的梦想和渴望……

引人入胜的风景给了每个家以品质上的保证……

---

① 原文为 whorehomes、bawdyhomes、homes of prostitution，这里将所有 house 都用 home 代替，因此变得怪异，其实指的都是“妓院”。——编者注

当然，特朗普也卖“**市区家**”，这种房子原本叫“**市区住宅**”（见“恶俗广告”）。考虑到以“**家**”代“**房**”的现实，你就不难体会《美丽家居》（*House Beautiful*）和《家居与花园》（*House & Garden*）杂志的遗憾了，它们将永远被困在自己诚实的名称里。

“**家**”这个词带来的不劳而获的温暖感，也是恶俗词语“**团体**”所珍视的衍生品。“团体”这个词常常被用在根本就不存在团体的地方，比如“**老年人团体**”、“**男同性恋团体**”（用“群体”不是更好吗？）、“**黑人或波多黎各人团体**”等等。如海伦·文德勒[①]所指出的，这个词出现得如此频繁，其实背后隐含着大剂量“伪造的田园生活”，跟滥用“**家**”字背后潜藏着的那种天真、畸形、带玫瑰色彩的生活观一样。广告会大肆利用这类感性的词，于是我们会听到“一个可爱的新家庭**团体**”。任何东西只要带上“**团体**”这个词，或引入“**团体**”的概念，就会变得温暖而感性。一名主张哈佛法学院应该任命更多女教授的女作家说：“女性的声音在法学院团体中是相对比较新的声音”，她所谓的“法学院团体”其实就是法学院。“**世界团体**”这个词可能已经将“团体”推向了顶峰，这个词常见于自以为是、带有政治说教意味的语境中：“这类**恐怖统治、轻视基本人权、压制民主意愿**的公开行为必将受到**世界团体**的谴责。”特别是在谈及“**女权主义者团体**”这类一厢情愿的表

[①] Helen Vendler（1933—），美国诗歌评论家，2004年获得美国政府人文领域最高奖——国家人文基金奖。——编者注

述方式时，文德勒准确地观察到，“不切实际地、煽情地使用‘团体’这个词……会令局外人起鸡皮疙瘩。”

“**团体**”是自我夸耀的一个极方便的小花招，恶俗语言库中还有许多同样的高招。“深入”就是一个重要的代表，这个词最常用于回避准确的意思，并含蓄地给说话者鼓气（见“恶俗广告”）：“这本书以一百多次**深入**访谈为基础。”（我的天，您真是够深入的啊！）同样，将“**关注**”一词放入任何一个群体的名称中，就能有效赞扬群体成员之间的同情心（“爱心”）并暗示局外人的冷酷无情。因此，“关注抗肝炎母亲协会”或“关注亚洲人权委员会”等组织的成员，在道德上显然比其他组织的成员要高出一等。同理，在所有争论中使用“**认真负责**”这个词，都会让人明白你是对的，而你的对手错了。

还有一大堆恶俗的词和短语，许多人希望通过使用它们为自己带来博学且教养深厚的声誉。那个用滥了的“**多才多艺**”（用来形容比尔·布拉德利[①]一类的运动员、罗兹奖学金[②]得主、参议员），暗示说话者知道自己在说什么。实际上，对这个术语的理解源自于人们与皮科·德拉·米兰多拉[③]的思想、菲利

[①] Bill Bradley（1943—），美国政治家、篮球运动员、作家、商人，曾任民主党联邦参议员，曾帮助其所在球队赢得奥运会金牌、NBA总冠军，毕业于普林斯顿大学，还获得过罗兹奖学金到牛津大学进修。——编者注

[②] Rhodes Scholarships，也称为罗德奖学金或罗氏奖学金，是塞西尔·罗兹于1902年创设的世界性奖学金，是英国大学历史最长、声誉最高的奖学金，每年在13个国家中选取85名学术和品格优秀的学生到牛津大学万灵学院学习两到三年。——编者注

[③] Giovanni Pico della Mirandola（1463—1494），意大利哲学家、人文主义者，精通希腊语、拉丁语、多种欧洲语言和东方语言，熟悉古代文献和各种哲学学说，曾有“神童”之誉。——译者注

普·锡德尼爵士[1]的作品长久且令人陶醉的接触。这就像一个迷人的美国式习惯——用希腊字母来为大学兄弟会或大学女生联谊会命名，即便会员们都不懂希腊文。除了市场营销（以前叫“**推销术**”）和教育心理学，学校已经很多年不开设希腊语、哲学或古代历史课程了，因为学生们可能更喜欢不懂装懂。

“**多才多艺**”及其同类词的伪精确，与那个著名的命令“**请认真听我说**”和类似的假装聪明的词语“**巫术经济学**”如出一辙，都能有效地装模作样、回避真实的意思，因为人们根本不了解“**巫术**”。我们应该将这些令人难忘的词归功于美国总统。最近，当他注意到东欧正在发生的事情时，他宣称：“自由之路就铺在我们的面前。”（冒失的人不禁会问：**铺在谁面前**？）“**难以置信**”也是一个使用频率很高的词，使用者期待能借此为自己带来“聪明造词家”的美誉，这也是那些明明说的是“谈话”，却非要用“**对话**”这个词的人的期待，也是那些总想找机会使用“**左右为难**”这个词的人的期待。

美国人出于对庄严和妄自尊大的渴望，每天产生出大量可笑的文理不通的东西。比如用“**缺少**”（absent）表示“**没有**”（without），“由于缺少进一步的信息，我们无可奉告”；用“**冲击**”（impact）表示“**影响**”（influence），“我们的宣传活动看来没有对爱达荷州的选民造成多大的冲击”；把“**通过**”（transit）当成“**穿越**”（cross）的高雅同义词，比如“去

[1] Philip Sidney（1554—1586），英国文艺复兴时期的标准绅士、理想的政治家、勇敢的军事领袖，还熟悉当时的科学和艺术，是诗人、诗歌评论家和散文作家。——编者注

年夏天我通过了土耳其的大部分地区”；当然，最虚假夸张的是用“**界限**”表示某种类似“**范围**”的东西：“那个新来的家伙似乎不大乐意在公司规定的界限内工作。”

十足的恶俗促使许多人在表达“**内容**”（content）时说成“**背景**”（context），表达“**同情**”（sympathy）时却说成“**同感**”（empathy），表达“**主意、构想**”（idea）时却说成“**概念**”（concept）。所以，如果某个推销汽车、公寓或房子的人说到一个新的“**概念**”，你最好确认一下自己的钱包还在不在。作为美国这场伟大的不劳而获的聪明游戏中的筹码和象征，用“**合并**”（meld）代替“**加入**”（join）自有其吸引力，正如自以为是地用“**混合**”（mix）代替“**混合物**”（mixture），用高级的“**连续**”（segue，音乐用词）代替“**继续**”（proceed）或简单的“**延伸**”（go）一样。最近一次令人难忘的卖弄表演由安德鲁·A·奥斯顿（Andrew A . Alston）先生上演，但这场演出最终还是失败了。奥斯顿先生是一位极其严肃的专业人士，是国家运输安全委员会的职员。他穿着领尖钉有纽扣的衬衣，系一条合乎习俗的“军团”条纹领带，看上去就像那种很有教养且足以胜任自己工作的人。他如此评论在一场令人困惑的空难中遇难的小型飞机驾驶员：“我认为他想弄清楚到底发生了什么……这就是他流露出的态度[①]。”

---

① 原文为 That was the attitude he exuded to me，这里 attitude 和 exude 都用得不恰当，说话者想表达的应该是“这就是他给我的感觉”。——编者注

社会地位再低一点（尽管没有人确切地知道自己的社会地位），另一种类型的无知就会促使人们为过去称为**“玫瑰红”**（rosé）的甜得发腻的桃红色葡萄酒改名。许多人由于不确定该对侍者说“rose-zay[①]”还是直接说“rose”而感到丢脸，于是干脆不点这种酒。商店和餐馆了解这一点后，就将这种酒改称为**“红脸”**（blush）。正如“rosé”大量消失一样，“croissant”（**羊角面包**）也被大多数人叫成“crossant”。Grey Poupon牌芥末酱（Grey Poupon Mustard）则逐渐被叫成“Grey Poop-on”[②]。近年来，高等教育的不可靠（见“恶俗大学”）使那些撰写广告词的修辞专家比以往更有可能犯下荒唐的错误，广告代理公司却没人能发现这些错误。一种名牌酒的广告声称：“马提尼酒又卷土重来了……但‘喝’（drank）法还跟60年前一样”。对此，措辞侦探厄内斯特·劳里默（Ernest Lorimer）评价道：“我能理解酒业公司不在广告中用drunk[③]一词的心理，但这个广告也实在太离谱了。”威廉·赛菲尔[④]收集了一些极其做作的无知表达：

一种昂贵的文字处理器的广告：“出现拼写错误时，内

[①] rose-zay是“rose”的法语发音，即“rosé”，其中zay是尾音。——编者注

[②] 这些例子都是不恰当地简化英语中法语单词的读音，从而造成可笑的结果。其中，芥末酱的例子中Poupon的简化字Poop除了有“大便”的意思，在美国俚语中还指“傻瓜、卑鄙小人”。——编者注

[③] 广告中“酒的喝法”应该用drunk而不是drank，但广告撰写者考虑到drunk还有“酒鬼、醉汉”的意思，可能会影响产品形象，所以不用。——编者注

[④] William Safire（1929—2009），美国记者、政治评论家、总统演讲稿撰写人、《纽约时报》专栏作家、词典编纂家。——编者注

置的拼写字典会立刻引起你的警惕[①]。”

一种极其昂贵的腕表的广告：“如果你足够幸运，能有一两块老牌表放在身边[②]……”（请留意白宫）

还有第五大道一家女装店的广告提到“分立的奢侈”[③]

我们再也不会以为在报纸文章后面署上自己招摇的大名的作家有文化了。其中一位作家，在一家报纸的头版写了一篇有关纳坦·夏兰斯基[④]的文章，说夏兰斯基飞离苏联后，他和他的妻子在耶路撒冷安家已经有一段时间了，这个作家竟然连主语宾语都分不清[⑤]；还是这家受到高度评价的报纸，另一篇头版文章说到“在该案件中，杜伦伯格先生没有对其原则犯罪事实[⑥]提出异议”。这些错误如果出现在 1910 年，人们会很容易相信它们只是不幸的排印错误，现在不一样了。尽管没人指望比萨饼和啤酒广告能具备很高的推理水平，但下面这则广告中的逻辑还是让人啼笑皆非：

新阿姆斯特丹牌啤酒

---

① 原文不恰当地使用了 alert 一词，广告想表达的是“提醒你”。——编者注

② 原文用 laying around 表示“放在身边”，这个词组也有“四处下蛋”的意思。——编者注

③ 原文为 discrete extravagance，广告想表达的应该是“distinct extravagance”（与众不同的奢侈），discrete 是 distinct 的近义词。——编者注

④ Natan Sharansky（1948—），以色列前副总理、建设与住房部长。——编者注

⑤ 原文为 there has been time for he and his wife to start a family in Jerusalem，句中的 he 应为 him。——编者注

⑥ 原文为 principle facts，应该是 principal facts，文章作者想表达的是“主要犯罪事实”。1990 年，明尼苏达州参议员戴维·杜伦伯格（David Durenberger）受到参议院的一致谴责。1995 年，他承认滥用公共基金，被判一年缓刑。——编者注

在纽约酿造的唯一一种啤酒之一

但这还算不上恶俗，只是比较糟糕而已，因为相对而言并不做作。

由此可见，美国社会普遍的不安全感导致人们害怕简洁、不做作的说话方式和写作方式会在某种程度上降低自己的身份，让人看出自己是一个等级低下、品味不高的头脑简单的人。用增加音节来炫耀的方法已经变得十分普遍了，但正如评论家诺思洛普·弗莱[①]所注意到的：“简洁性是普遍性的反面。”那些拼了老命都要显示自己是个人物的人都小心翼翼地回避着简洁性，所以他们会小心翼翼地不说可卡因是一种常见的毒品，而说“可卡因是一种特别的毒品”，他们以为这么说才能给人们留下深刻的印象。

[①] Northrop Frye（1912—1991），加拿大文学评论家、文学理论家，被认为是20世纪最有影响力的批评家和理论家之一。——编者注

恶俗图书

毫无疑问，要在如此有限的篇幅中讨论这么大的一个话题的确有些难。但每年都有成千上万的书籍涌进市场，不用说，其中没几本是好的。乔治·奥威尔[①]察觉到了这一令人尴尬的事实：

如果不过度夸赞大多数的图书，人们几乎不可能大量提及图书。除非你与图书有某种职业联系，否则你发现不了大多数图书有多么糟糕。

更不用说大多数图书有多么恶俗了。

要避开这类图书，一个既省时又省钱的办法是在出版前就认出它们，甚至可以在它们被写好之前就认出来。一个有用

[①] George Orwell（1903—1950），英国记者、小说家、散文家和评论家。——编者注

的建议是：警惕那些谈论自己将要写的书的人，或那本他们说自己正在写的书。十有八九，那本书就是糟糕或恶俗的。因为好书是由那些爱写书甚于谈论书的人创作出来的，这两者的区别在于写作和表演（戏剧意义上），在于一个人孤独地工作和快乐地公开工作，说得极端点，就是做好的事情与炫耀之间的区别。何塞·奥尔特加·伊·加塞特[①]曾经写到："每当我听到一个作家朋友，特别是很年轻的那种，很镇定地宣布他正在创作一部小说时，我总会感到震惊。"为什么呢？因为任何一部小说停留在人们的记忆中或书店的货架上超过 8 个礼拜，就已经是天文数字了。

如果你想让人记住你是一个聪明人或慈善家，就别写小说，甚至别去谈论它们，相反，你应该罗列一堆杂七杂八的兴趣，收集 75 年来的气象数据，或以表格的形式仔细分析经过改进的保险统计资料。这些东西比大多数人都能胡乱编造的"创造性"成果更有用，这些东西的作者也比较不会被轻易忽略，更不用说被嘲笑或蔑视了。此外，你还会发现，大多数宣称自己正在写一部小说，借以获得关注和认同的人，事实上都缺乏讲故事的才能，即便讲的是下流笑话，也无法在 30 秒钟内吸引一桌人的注意力。

我从最近一张新闻图片中得到启发，想到了在恶俗图书上市前认出它们的另一个办法。图片中，一个年轻女人坐在一间漂亮的客厅里，正用一台手提式文字处理器写作（我猜

[①] José Ortegay Gasset（1883—1955），西班牙哲学家、文学评论家。——译者注

是小说），她的发型师在一旁摆弄着她的长卷发。如果这还不足以让你作出判断，她说的话将进一步提醒你："我正在写一本有关我在亚洲花10年时间学习冥想的书。我在这间客厅里写了很多，写完后就传真给我在纽约的出版商。"**在客厅里写作**？这一事实表明她炮制的东西，其恶俗性是**不言而喻**的。

图书一旦出版——大部分图书都没有这么好命，这是当代生活少有的慰藉之一——书名就会成为另一个很好用的警告信号。吉姆·巴克写的《怎样才能确保成功？》（*How You Can Guarantee Success*）（这不是我的杜撰）就是一个典型的例子。《治疗伤痛：生态女权主义的希望》（*Healing the Wounds*：*The Promise of Ecofeminism*）呢？据说这本书里有"散文、故事、诗歌和祷文（！）"，兼具女权主义视角和生态学视角，而这两个视角是"我们这个时代最有力的治疗视角"。你要警惕所有书名中带有"治疗"一词的书，由此判断，《爱、和平与治疗》（*Love*，*Peace*，*and Healing*）一书就散发着又大又浓的警告烟雾。还有一些书名是问句，要浏览完书的内容才能找到答案，比如《谁来发号施令？》（*Who's Calling the Shots*？）、《如何有效应对孩子对战争游戏和战争玩具的痴迷？》（*How to Respond Effectively to Children's Fascination with War Play and War Toys*?）（答案是建议他们加入海军陆战队）。

图书广告中也有恶俗的警告信号。对于一本从佛蒙特州一个邮箱寄出、声称用“完美的技巧”讲故事的书，不要过于兴奋可能比较好。或者另一本从佐治亚州一个邮箱寄出的书，这本书的广告是这样开头的：

首次面世

接下来是：

“一辆车就是一间很小的屋子”——全家人成功快乐地驾车旅行的方法。作者是一位经验丰富的旅行者。

现在就开始订购吧！

大家都冲上去买吧！如果这本书看上去太世俗，他们还可以奉上《论上帝存在的证据，及其他深层调查》（*On Proof for the Existence of God, and Other Reflective Inquiries*），这本书里有 85 幅图，会从纽约市的一个邮箱寄出。你也可以看看罗瑟琳·布鲁那尔（Rosalyn L. Bruyere）的《光明之轮》（*Wheels of Light*），该书被《冥想杂志》（*Meditation Magazine*）称为“一部极其准确地介绍直觉和人体光环的科学研究著作”。或者《提高你使用标点符号的能力》（*Up Your Punctuation*），这是一本提高标点符号使用能力的简易指南，对此，我们必须这样答复：“不用了，还是提高一下你自己使用标点符号的能力吧！”他们还提供大量的诗集，比如

《狮子的眼泪》（*The Lion' s Tears*），这本书"展现了图书管理员的真实灵魂"。居斯塔夫·福楼拜啊，我们需要你的时候，你去了哪里呢[1]？

以上这些书名已经很接近恶俗图书交易那可悲的真相了，这一真相就是出版毫无价值的东西。而那些既可悲又自负的笨蛋作家竟会被下面这样的广告感动得不知所以：

纽约市的出版社诚招作者

如果这家**纽约市的出版社**没能骗到那些笨蛋，就像马克·吐温《哈克贝利·费恩历险记》中的骗子"公爵"说"那我就不懂阿肯色州人了[2]"一样，这家出版社将十分怀疑自己对那些笨蛋的判断。

但这家纽约市的出版社坚信读者都不懂什么叫**"资助"**，所以继续写道：

为作者提供资助的一流出版社诚招各类手稿：小说、非小说类文学作品、诗、学术书、少儿读物等等。欢迎新作者。

新作者当然是"受欢迎的"，因为他们不太可能知道，所谓**"资助"**，其实就是由作者花一大笔钱将自己那粗陋、可

[1] 福楼拜是批判现实主义作家。——编者注

[2] 引用的是《哈克贝利·费恩历险记》第22章中"公爵"说的话："If that line don't fetch them, I don't know Arkansaw!"——编者注

怜、不值得出版的作品印出来，捆好，再堆到仓库里（每个月的仓储费由作者承担），或用大量的纸箱装起来，送到某处阁楼去沉睡（运费由作者承担）。

出版社在出版合同上承诺会给作者的书“做广告”，这个词又刺激了作者对名声与成功的幻想。于是，每个礼拜，在纽约某家大报上就会出现一些图书广告，弄得像真有人想买一样：

《一盒献给金发女郎的粉笔》

一部苦心经营的小说，生动地描述了教师职业的一切欢乐、痛苦和挫折。 定价：13.95 美元

《笑话集：包涵干净、肮脏、猥亵等各类笑话》

从安全无害到猥亵下流，适合各种口味读者阅读的笑话集锦。 定价：8.95 美元

《万有引力内外》

有争议的思想食粮，将撼动现有的物理学。 定价：7.95 美元

《漫游》

一段鼓舞人心、富有思想的旅程，能令你深味自我发现之乐趣。 定价：6.95 美元

这类小广告的其中一些出自某个虚情假意的撰稿人之手。为了写出这类广告词，他每个礼拜都要重新鄙视自己一番，真是讽刺得令人同情，比如：

《献给我爱人的诗篇》

一束以诗编就的美丽花环，纪念诗人去世30年的亡妻。

定价：10美元

还有

《请为我种一些鲜花和阿龙尼亚苦味果树吧》

一个真实的故事。

一位母亲献给十几岁就在不幸事故中遇难的女儿的辛酸礼物。

定价：13.95美元

我们或许没有必要特意强调那些书商的道德水准，他们能轻而易举地操纵毫无防御能力、头脑简单的人。但我很乐意提一下，一家多年来靠这种没有良知的欺骗行为发迹的公司，最近被判欺诈罪，受到了严厉的制裁，因为这家公司告诉那些可怜的笨蛋作家说他们的书将会通过书店去推广。我确信这家公司一定会卷土重来，再次加入“资助作者的出版社”行列。

这种欺骗性的恶俗图书交易代表了美国长久的文化延续性。早在半个多世纪以前，海明威在短篇小说集《在我们的时代里》（*In Our Time*）就描绘了一个令人同情的上层“诗人”，其自我欺骗的情形与我们当代这些社会地位没那么高的傻瓜毫无二致。那位诗人与一些艺术骗子一起住在法国的时候，他发现“自己的诗作差不多够出一本书了。他打算在波士顿出版，已经跟一家出版社签了合同，还寄了支票过去”。

这个故事叫《艾略特夫妇》，它很好地经受住了时间的考验，直至今日还富有现实意义。原因很明显，虽然从来就没有值得信任的国际统计数据，但我愿意打赌，按人口比例计算，美国在“虚荣出版”骗局中占据着世界领先的地位。这套可怕的把戏充分证明了美国人对虚荣的需要，他们情愿相信，只要了解规则，抓住每个不易把握的、能获得荣誉和名声的机会，就什么都可以得到。

以上这些针对恶俗图书的警告并不能保护读者抵御那些真正恶俗的书。像重磅炸弹电影（见“恶俗电影”）一样，真正恶俗的图书伪装得几乎能令读者不想抗拒。在奥威尔指出大多数图书有多么“糟糕”的时代，“糟糕”一词就足以概括当时的实际状况了，因为当时，每年出一本真正恶俗的大部头书籍的商业传统才刚刚开始。格雷斯·麦泰莉（Grace Metalious）的《佩顿镇》（*Peyton Place*，售出900多万册）和威廉·布拉蒂（William Blatty）的《驱魔人》（*The Exorcist*，售出1200多万册）当时都还在等待时机。但“进步”是无法阻挡的，时至今日，大部头的恶俗图书已成为无数出版商免于破产的摇钱树了，它们也是中产阶级人士最喜欢让人看见自己随身带着的那种又大又沉、永远都读不完的书。只要能畅销，哪怕一个季度只出一部，出版商就足以获得成功了。

许多年来，出版业一直疑惑于一个问题：为什么人们会去买那种唠叨、冗长、又大又厚，能从9月（列在出版社当年的秋季书目上）一直读到来年的6月或7月的小说呢？最好的答案是：如果你一年只读一本书，还要引以为豪，你就需要一本**看上去像书**的书——厚、硬皮精装、严肃庄重、被广为宣传所以知名度很高，让人看见你带着这样的一本书坐公共汽车、火车、飞机或走在大街上，就能表明你在主流消费者行列中占据着稳固的地位。**你这么做是对的**！这并不只是安慰，还是一种强烈的满足。

不论是丹尼尔·斯蒂尔、斯科特·特罗，还是赫尔曼·沃克[①]炮制出的肥大作品，花费数百万美元的广告和宣传攻势都会为这些大部头的恶俗重磅炸弹铺好路，好比施洗者约翰之于耶稣。这之后，就没有人能说出或真正在乎这本书讲了什么。如电影业一样，昂贵的精装书并不总是出版社销售的最重要商品，其衍生品——续集一、续集二，据此改编的电影、戏剧、电视剧、广播剧或有声读物，以及T恤衫等等的版权，往往能创造更多的利润。

小说家、编剧拉里·麦克穆特瑞[②]风趣地指出："将现在的图书业称作'出版业'实在太简约了，其实它是一种多

[①] Danielle Steel、Scott Turow、Herman Wouk，都是美国畅销书作家。——编者注
[②] Larry McMurtry（1936—），美国人，除了小说家、编剧，还是散文家、《纽约书评》专栏作家，凭借小说《寂寞之鸽》（*Lonesome Dove*）获得普利策奖、凭借电影《断背山》的编剧获得金球奖和奥斯卡奖。——编者注

媒体行业，这一行成功的**必要条件**并不在于书籍的文学价值，而取决于出版社的促销能力。”所以，我敢担保大部头恶俗图书还会风行许多年，从而满足我们只与恶俗图书为伍的心愿。

恶俗音乐

音乐，不论什么音乐，只要受到心灵贫弱的人的欢迎，只要商业制造者乐意提供，那你听到或不经意间听到的所有音乐，就都是糟糕的。与其他事物一样，一旦音乐被认为是“艺术”，要求人们充满敬意地对待它，从而变得装腔作势，那这种音乐就很恶俗了。在这里谈论“古典”和“流行”音乐的区别几乎没有意义。披头士乐队、西蒙和加芬克尔组合[①]的许多音乐作品都写得比爱德华·埃尔加爵士[②]的大多数作品要好。只有十足的势利眼才会在帕西·格兰杰[③]那平庸地重复着旋律

[①] Simon & Garfunkel，美国著名二重唱组合，活跃于20世纪六七十年代，成员是保罗·西蒙和阿特·加芬克尔，最著名的作品是美国电影《毕业生》的插曲《斯卡布罗集市》。——编者注

[②] Sir Edward Elgar（1857—1934），英国作曲家、指挥家，因其在提高英国音乐水平方面的努力，1904年获封爵士并获功绩勋章。还获得剑桥大学、牛津大学、耶鲁大学等学校的音乐博士学位，1924年被聘为英王御前音乐教师。——编者注

[③] Percy Grainger（1882—1961），澳大利亚作曲家、钢琴家，以民谣采集学者和管乐合奏作品著称。——编者注

的《乡间花园》（*Country Gardens*）与最近流行的雷盖打击乐之间找出差别，虽然都是迟钝、夸张和根本一成不变的噪音，雷盖音乐可能还更胜一筹。两者依赖的都是恶俗的技巧——没有变化的重复、没有结尾（见“恶俗标识”），跟恶俗对话很像。

因此，对音乐而言，无聊乏味就等于恶俗，不论音乐大厅还是妓院中传出的音乐，也不论是由弦乐四重奏乐队还是由重金属乐队演奏。有几种确定可靠的信号可以判断音乐中已经出现或即将出现的恶俗，比如伴随和音急速弹奏竖琴（注意那些上下翻飞的手指！）的臭名远扬的表演方式，或在钢琴演奏中要黎伯拉奇的那套把戏——双手尽可能地在键盘上抬高，以展示其力量和动感，这也是大多数动感派交响乐队指挥的动机所在（见“恶俗的电影演员及其他演员”）。此外，要判断音乐是否恶俗，更多的线索还在于音乐是否陈腐、是否在乞求听众的注意和赞美。这类音乐的作者总以为听众太蠢了，不可能在听到他们的作品之前就听过千百遍同样的音乐。在沃利策（Wurlitzer）钢琴上弹奏出这类乐曲的高潮的做法，平庸得就像一些人在棒球和篮球比赛中巧妙调动观众的情绪，暗示他们齐声高喊“冲啊！”我还可以相当肯定地说，那些立志要让你陶醉在异国情调中的音乐，通常是东方音乐，比如《印度之歌》、《在中国寺庙的庭院》[①]等，都介于恶俗与极其恶俗之间。

[①] 分别是俄国作曲家里姆斯基·柯萨科夫（1844—1908）在1896年发表的歌剧《萨特阔》（*Sadko*）中第四场印度商人的唱段改编而成的曲子 *Song of India*，和以通俗管弦乐小品出名的英国作曲家艾伯特·威廉·凯特尔贝（Albert William Ketelbey，1875—1959）的作品 *In a Chinese Temple Garden*。——编者注

同样的，要谨慎对待任何贴着“夜曲”标签的音乐。评论家杰克·林奇（Jack Lynch）提议将恶俗音乐奖颁给“安德鲁·劳埃德·韦伯[①]创作、演奏、演唱、表演、制作、资助、鼓励、评论及倾听过的所有音乐作品”。

要判断恶俗音乐，最简单实用的方法是：一部在任何层面都没有取得进步的音乐作品（比如大多数雷盖音乐）是糟糕的，没有取得任何进步还要装作稀有、有价值甚至神圣的音乐就是恶俗的，比如帕赫贝尔的《D大调卡农》[②]。借助机械手段假装取得进步的音乐也一样恶俗，比如简单地调高音量来改善和掩饰每一次重复，或只是加快节奏、加大音量，这么做比创造容易得多，比如拉威尔的《波莱罗舞曲》[③]和性交时听的音乐。这类作曲伎俩与剧院里的欺诈类似，比如剧院经理们那久负盛名的诡计：偷偷推动照明调控装置，使各式灯光依次变亮，从而暗示观众戏剧高潮将随着每一次幕布的开启逐渐到来。

还有一个更为便利的判断方法：在差不多最高级的银行、

[①] Andrew Lloyd Webber（1948—），英国音乐家，代表作有音乐剧《猫》、《歌剧魅影》等，多次获得托尼奖、格莱美奖和英国劳伦斯·奥立佛奖，还获得过金球奖和奥斯卡奖。1992年被授予爵士头衔，1997年晋升为终身贵族。除音乐创作外，韦伯还创立了音乐制作公司——Really Useful Group，并亲自经营掌管，公司主要生产制作他自己的作品，同时也积极发展和制作其他作曲家的作品。——编者注

[②] Johann Pachelbel（1653—1706），德国音乐家，《D大调卡农》（*Kanon in D*）是他的代表作，是很多人喜爱的器乐小品和电影电视广告的常用配乐。——编者注

[③] Maurice Ravel（1875—1937），法国印象派作曲家，管弦乐曲《波莱罗舞曲》（*Bolero*）是他的代表作之一，被誉为当代最珍贵的艺术纪念碑，特点在于不断反复固定的旋律。——编者注

书店和电梯里听到的音乐，以及等待你要找的那个拖拖拉拉的恶俗人物接电话时灌进你耳朵的音乐，都是既糟糕又恶俗的音乐。重要的是，这些音乐很少是由伯德、普赛尔、泰勒曼、亨德尔或拉莫[①]创作的，甚至莫扎特的都很少，尽管粗俗的电影《莫扎特传》[②]（几乎与《恋马狂》[③]一样，在恶俗人物中很流行）已经使莫扎特的音乐在商人和类似的俗人中变成一种时髦了，这类人以此假装自己很喜欢莫扎特。如果等对方接电话时你听到的是帕赫贝尔的《D大调卡农》，那你就算感受到对方的高度诚意了，即便不是诚意十足。

在《最糟糕的一切》（*The Worst of Everything*）这本实用的书中，唐·莱塞姆通过列出“最乏味的音乐”（“打鼾时听的音乐”），为公众做了件大好事。名单中当然有《波莱罗舞曲》和德沃夏克的《新世界交响曲》，维瓦尔第的《四季》也在其中，还有安东·布鲁克纳（Anton Bruckner）的《D小调第九交响曲》、查尔斯·艾夫斯（Charles Ives）的《新英格兰的三个地方》。莱塞姆的确很敏锐，注意到菲利浦·格拉斯（Philip Glass）的音乐作品中有一些极端无趣的东西，

---

① William Byrd（1539 或 1540—1623），英国作曲家；Henry Purecell（1659—1695），英国作曲家；Georg Philipp Telemann（1681—1767），德国作曲家；George Frideric Handel（1685—1759），英籍德国作曲家；Jean Philippe Rameau（1683—1764），法国音乐理论家、作曲家。——译者注

② *Amadeus*，1984 年上映的美国音乐传记电影，取得了极大的票房成功，获得 7 项奥斯卡奖。——编者注

③ *Equus*，20 世纪 70 年代英国著名剧作家彼得·谢弗的作品，讲述了一个青年与马匹之间情感欲望纠结的争议故事，首演于伦敦，后来在百老汇演出，共计演了一千多场。——编者注

但不知为什么竟忽略了约翰·凯奇（John Cage）的作品。莱塞姆认为柴可夫斯基的《第五交响曲》特别冗长乏味。在我看来，它再怎么乏味，也比不上西贝柳斯（Jean Sibelius）的《芬兰颂》。也许还有人想提一提瓦格纳的《尼伯龙根的指环》中比较不轻快的那几个乐章，或普契尼的整部《托斯卡》及其中的装饰音。

恶俗电影说服许多年轻夫妇在重磅炸弹电影《星球大战》或《烈火战车》（*Chariots of Fire*）的主题曲中举行婚礼，这说明一个领域内几近魔幻的恶俗的力量，能触发另一个领域内的恶俗。

恶俗诗歌

如果你没有多少文学才华，却想获得一些诗歌方面的名声，甚至到了今天这个时代，一个可行的办法还是以非常卖座的色情开头写一首诗，比如：

一个阴蒂就是一种大脑

——爱丽丝·诺特利（Alice Notley）

格拉谢拉不想要我

——塔提亚娜·德拉·铁拉（Tatiana De La Tierra）

当我跟你做爱的时候，我要你读读这个

——劳拉·切斯特（Laura Chester）

鄙视阴蒂的人就是在鄙视阴茎

——莫瑞尔·洛凯瑟（Muriel Rukeyser）

在海滩边的索尔兹伯里

我的阴茎被你的爱所吞没

——瓦尔特·柯蒂斯（Walt Curtis）

等等。从传统上说，上下文连贯是诗歌应有的本分，甚至是唯一要有的本分，如果你缺乏这种能力，你可以随意组合各种词语，并自称为“超现实主义者”，比如：

整桶整桶的血，月亮动词曾在其中沐浴
巨大的乌贼被煮熟了，还记得一颗坠落的星星

——伊凡·阿奎勒斯（Ivan Argüelles）

再写短一些，超现实就更容易了：

托马斯的演讲远远超越了
冗长的现代慰藉

——汤姆·韦瑟利（Tom Weatherly）

你也可以发明一首一开头就让人读不下去的诗，让那些文盲看了肃然起敬：

Phantasmagonillaorgasmiasmacharismamama
diaphragmdiarrheacatarrhcatatoniccatastrophicmascara……

——Cyn. 萨尔科（Cyn. Zarco）

在聚会中玩“真心话大冒险”游戏时，你还可以用诗来放任一下自己，并引起别人的兴趣：

我是一名女同性恋者

——简・克罗森（Jan Clausen）

如果你认为色情开头太大众，还可以用一首“屁眼诗”让读者大吃一惊：

该是某人写一首屁眼诗的时候了……

——吉姆・霍姆斯（Jim Holmes）

对这类恶俗诗人而言，最重要的是成为某个团体或流派的一员，一个人玩没多大意思，他们渴望自己能被贴上一些标签、称号和类型。因此，某位这种类型的诗人在作者简介中声称自己是“射手摩羯座”。

另一个诗人据称是“纽约‘语言’界的领军人物”，还有人很自豪自己被人称作“充满激情的环境主义者”、“佛教动物权利活动家”或“超巴洛克团体”成员。一个诗人很珍视自己“城市超现实主义者”的称号，“纽约现实主义者”则是另一个诗人珍视的称号，一个女诗人为自己“与旧金山的色情女权主义者非常相似”的标签感到自豪。一些诗人受脆弱的自尊心驱使，在仿苏维埃式的**集体**中抱成一团。（对比弗拉基米尔·纳博科夫[1]说的："知识分子不应加入任何团体。"）因此，一位诗人的传记上说，这个诗人是"全国黑人男女同性恋者联盟……以及新词书店共同体的一员"，另一个诗人是"女编辑共同体的一员"。毫不奇怪，一些诗人团体还与新纪元运动有关。许多恶俗诗人称自己对"神秘艺术"、"萨满教"、"瑜珈哲学"、"魔法"和"草药学"感兴趣。唉，幸亏这些诗人频频出现预科生式的语法错误，这种假装渊博的把戏才不至于连累其他诗人的诚挚作品，比如分不清"**躺**"（lie）和"**放**"（lay）的桑迪·卡斯特尔（Sandi Castle），头脑简单得简直够得上"总统级别"[2]：

和男人们睡在一起时
你知道……
他们总是刚刚才手淫完
我脸朝下"放着"（躺着）
铺好被子
像母亲一样整晚照顾他们

再看看克里斯蒂娜·M·邓肯（Christina M. Duncan）对语法与意义的完全解构：

---

[1] Vladimir Nabokov（1899—1977），俄裔美籍小说家、文体家、诗人、文学评论家、翻译家，20世纪世界文学史上最有影响力的文学家之一。——编者注

[2] 作者此处影射经常犯拼写错误的布什政府时期副总统丹·奎尔。——译者注

如今匆匆忙忙地我们吵闹着跑前跑后
每天尽我们的职责我们的能量在增长

（对比埃兹拉·庞德[①]说的："诗至少要写得跟散文一样好。"）

这些东西之所以恶俗，是因为它们都是"无知的做作"。还有些诗具备恶俗的资格，是因为它们表现出作者的自鸣得意和忸怩作态：

噢，上帝禁止
噢，上帝禁止
噢，上帝禁止
你的儿子
你的儿子
你的儿子
嫁给
嫁给
嫁给
一个
一个
一个

[①] Ezra Pound（1885—1972），美国著名诗人、意象派代表人物，与艾略特同为后期象征主义诗歌的领军人物。——编者注

黑人男同性恋者
黑人男同性恋者
黑人男同性恋者
噢，上帝禁止你的儿子嫁给一个黑人男同性恋者。

——福莱迪·格林菲尔德（Freddie Greenfield）

还有些恶俗诗歌表达着对政治或社会的不平（“这是一个自怜的时代。”——安东尼·鲍威尔）、自我绝望，以及没人爱的悲哀。

与所有这些恶俗的例子相比，那些只是糟糕的诗歌就是一种明显的安慰了。当你转向新近流行的牛仔诗时，至少你会为这些诗没被男女骗子组成的团体（或“集体”）控制而感到满意，比如下面这首：

生命中我真正热爱的两样东西

生命中有两样东西
是我真正热爱的：
那就是女人和马，
这一点我很肯定。
所以，等我死了，
请把我的皮肤晒成棕褐色，
再把我加工成
一副精美的马鞍。

再把它送给一个
喜欢骑马的女牛仔，
从此以后
我就可以安息在
我最热爱的
两样东西之间了。

——盖瑞·麦克马汉（Gary McMahan）

这真是一首让人笑中带泪的诗啊，性感因素隐而不露而非高声呐喊，与所有诗人认为能让读者满意的正确政治立场保持着令人愉快的距离。“生命中我真正热爱的两样东西”至少没有“阐明了有关人权的广泛议题，即国家之间、个人之间的问题”，这句话出自卡萝尔·鲁门（Carol Rumen）所著《冲向野外：后女权主义者之诗》（*Making for the Open: The Chatto Book of Post-Feminist Poetry*）一书的结尾。不用说乔治·赫伯特[①]和罗伯特·赫里克[②]的诗，现在还能模糊记得叶芝和艾略特的诗的人，应该知道诗与“广泛议题”扯不上任何关系。将诗歌这种语言艺术依附于“广泛议题”之上，只能确保艺术和议题都变得恶俗。

---

① George Herbert（1593—1633），英国玄学派诗人。——译者注

② Robert Herrick（1591—1674），英国骑士派诗人。——译者注

恶俗大学

大约一个世纪以前，美国人开始体验高等教育。经过短暂的试验，他们发现自己不喜欢。高等教育太难，也太严肃了：拉丁语和希腊语要学好几年，古代、中世纪和文艺复兴时期那些高贵、慷慨大度的英雄们看起来没什么用，将他们作为大多数美国人挣钱的“榜样”的话，又太跟不上时代了。人们发现，逻辑和论证原理方面的知识实际上会妨碍他们挣钱的热情，妨碍他们建立良好的人缘，而带着怀疑研究普遍存在过失的人类历史，以及被迷信和乌合之众操纵的人类社会，看上去又不够民主和宽容，人们认为这种研究其实是一种“精英行为”。几个真正受过教育的人发现，精确地推理、分析，公正地审视其他人不加鉴别就想当然的现象，在美国社会中不可能普及。简单地说，美国人很快就发现，真正的教育对他们以行动、野心、贪婪和出人头地为中心的生活而言没什么价值。事实上，这种教育的作用恰好是反面的：智力的发展只会导致探究、深思这种非美国式的生活。

面对这些令人沮丧的事实，美国人发明一种改良的高等教育体制就不足为奇了。这种体制更符合美国人的要求，尤其能满足他们想在公共领域获得成功的欲望，这些欲望很大程度上就是指发财，并过上一种不受思想困扰的生活。校际体育比赛的发明对此很有帮助，那类只强调当下发生的事件和对商业有用的技术的新课程也一样。一门新学科被发明了出来，并被称为“商科”。历史、文学、哲学都离美国式生活太遥远，不再有用了。对于大多数要在公立学校任教的无能之辈而言，对这些过时的学问的研究太让人气馁了。因此，另一门新学科也应运而生，那就是“教育学”，尽管实质上全然没有与智力相关的内容，却能使那些愚钝的胸怀大志者看上去像在忙于研修一门能让他们拿到学位的“学科”，从而获得教育下一代的资质。

结果呢，除了寥寥几所大学和学院，现在我们看到的都是恶俗的大学。事实上，没有什么鸿沟比美国大量恶俗大学的表象与实质之间存在的鸿沟更深的了，而这种鸿沟正是恶俗的典型特征。“上过大学”就等于受过教育，这种普遍观念对美国人来说很重要。美国盛行的平等主义使人们虽然看重“大学学位”，却不懂得批判性地区分（这种工作令人不快）一所大学的学位与另一所大学的学位。令他们烦恼的是，从威廉姆斯学院、阿姆赫斯特学院或史密斯学院拿到的学士学位永远没法与从中田纳西州立大学或夏威夷太平洋大学拿到的学士学位混为一谈。既讽刺又可悲的是，美国人竟创立了如此多的恶俗教育机构，尤其在肯尼迪和约翰逊执政期间，其目的是为了增加“受教育的机会”。为了达到这一目的，政府夸大其辞地发出号召，促使无以数计的师范学校、教师培训学校、商学院、文秘学校、地方性神学院和贸易学院升级为大学。所用的方法不是让他们成长为大学——那样太费事了，即使用不了几个世纪，也要花上几十年，而是直接将他们改称为“大学”。就是这类学校，如今为美国的大多数年轻人颁发了“大学”学位，这些学位并不能体现学生的智力水平，只能体现他们对技术的粗俗需求，这类技术能使他们被不加鉴别地安置在美国中产阶级社会为他们预备的位置中。统计数据显示，24% 的美国学士学位是“商科”的，“教育学”硕士和博士也比其他专业多。

就算你已经“主修”了商科，如果知识太浅陋，你可能连商科也学不好。一个推销“事业成功词汇”磁带的广告问：“你认识这些词吗？”，这套磁带不仅能教你认识“800 个有价值的词”，还为每个词提供了两个“商业方面”的例句。广告声称这些磁带能提供“大学毕业后的又一次大学体验”，显然其目标顾客都是“受过高等教育的人”。受过“大学”教育的人还需要学习的高难度词汇都是哪些词汇呢？它们包括“**transcend**”（**超越**）、“**stratagem**”（**计策**）、“**efficacy**”（**功效**）、“**laconic**”（**简洁**）、“**ubiquitous**”（**无所不在**）和“**fait accompli**”（**既成事实**）。这些词如果出现在大学入学考试的试题中，对准备不充分的高中生而言可能很难。但现在，不认识这些词汇的人都已经大学毕业了，许多还在攻读博士学位，主修的还是教育学。再提一下，艾奥瓦州最热门的专业学位[①]不是医学或法学方面的学位，41% 都是脊柱按摩疗法方面的学位。

如果你具有讽刺的本能，有时还需要用一声大笑来抵抗阴天，你可以将下面这句话抄下来，然后用胶带贴在你家浴室的镜子上。美联社最近报道了一篇一些报纸欢欣鼓舞地用作头条的文章：

更多的美国人获得了更好的教育

文章报道，有 1/5 年龄超过 25 岁的美国人已经完成了“四年的大学教育”。这真是天大的好消息啊！如果你设法了解到，一些受过大学教育的人除了畅销书不读别的，他们的历史想象力少得可怜，或者只对钱、体育运动、娱乐和业余爱好感兴趣，那你就不会这样认为了。美联社这篇文章的意思其实是指：比以往更多的美国人都上过商学院或捱过了“教育学”的所有课程，这实在不足以成为报纸庆祝或举国人民沾沾自喜的理由。但当一家全国性大报上出现下面这段不实的鼓舞之辞，却无人质疑，也没有人露出嘲讽的笑容时，美国人民就难免会沾沾自喜了：

欧洲的大学久负盛誉，至少在美国是这样。他们被比作象

① 按学位性质，美国的学位分为学术（研究）学位和专业（专科）学位两种。——编者注

牙塔，他们的围墙从未被商业世界所玷污。许多欧洲人为欧洲拥有这些典范而自豪,并将他们的存在等同于欧洲精神的健全。

但现在一切都变了。

也就是说，美国人将教育改造成纯粹的技能训练并将之形成制度，将学生大量培养成公司里没有主见的工具，这种行为如今已经推广到了全世界，改善了全世界人的境况。塔夫斯大学的教务长索尔·吉特曼最近宣称：“我们最好的，也就是这个国家最好的300所大学和学院……被全世界人民所嫉妒……”显然，当时边上并没有人接着评论道：“这个世界真可怜啊！”

尽管美利坚合众国并不真的想要高等教育，这种教育太难，太没用、与这个国家太格格不入了，却还得假装自己想要。因为哪怕这只是假象，也很有助于提高这个国家的声望。虽然大多数美国大学根本就不是思想活跃的地方，而是豪华的体育中心和保健中心，出于标榜的需要，“**大学**”这个词还是得跟美国人自以为配得上这一称号的所有事物（比如豪华的体育中心）联系在一起，即便货真价实的东西已变得越来越稀少了。过去还有几个州本着怀疑的精神严格授予教育机构“**大学**”或“**学院**”的名称，如今，你可以恬不知耻地将这些词安在随便什么机构上，丝毫不用顾忌合不合法。毕竟，你骗到的只有无知的人。

弗吉尼亚州显然是一个很轻易就能使用“大学”这类误

导性词汇的地方，想想电视布道家帕特·罗伯特森在弗吉尼亚海滩创办的“CBN 大学”，还有杰瑞·福尔韦尔[①]在弗吉尼亚林奇堡创办的“自由大学”吧。现在，自由大学是弗吉尼亚州最大的私立“大学”，福尔韦尔的经营已使它成为通过更名自动升级的典范了，虽然直至 1983 年，它还遵守着起码的诚实原则，自称为“自由浸信会学院”，也还未自我提升，去假冒真正的大学。在假冒的大学里，怀疑的心灵可以自由嬉戏于一切学科之上而无须顾及任何后果。美国中西部还真有这么一所“大学”，宣称只接收心甘情愿发誓不跳舞、赌博、抽烟、喝酒、说脏话的“基督徒”学生。虽然学生们被强制去学校的教堂做礼拜，这个学校颁发的大部分学位却是“教育学”。（真令人吃惊！）

事实上，“**大学**”一词已被那些自我提升的学院糟践得惨不忍睹了，就像俄克拉荷马州塔尔萨的奥罗尔罗伯茨大学、鲍勃琼斯大学和杨百翰大学。这么看来，如果名副其实的大学现在去掉“大学”这个词，还能满足于自己被简单地称作耶鲁、哈佛、普林斯顿、斯坦福的话，那就最好了。必须承认，这么做对加利福尼亚大学、宾夕法尼亚大学、芝加哥大学、密歇根大学和弗吉尼亚大学来说很难，但也可以找到替代的名称，就像索邦大学（之前叫巴黎大学）那样。

低层次的学院假扮高等学府的行为是如此地恶俗，以致

---

① Jerry Falwell（1933—2007），美国基督教原教旨主义牧师、电视布道家、保守派政治评论员。除了自由大学，还创办了托马斯路浸礼会、“道德多数派”、基督教联合会、信仰和价值观联盟等组织。——编者注

你都不敢想象还有什么东西会更低劣的了。但勤奋的恶俗学生无须失望，那些毫无希望的大学与学院往下，还有大量更为恶俗的学校，那类学校的表象和实质之间毫无关联。衡量一所名副其实的大学的标准，与衡量一个好餐馆的标准一样，就是不做广告。但真正恶俗的大学完全倚仗广告。有趣的是，一些杂志尤其是航空杂志，上面会登满大学的广告，承诺人们只要支付现金，不用上课，沉淀自己的“生活经验”就能获得学士、硕士乃至博士学位。这些广告公然宣称拥有学位就等同于商业上的成功，也就意味着学位所有者（自动）提升为管理者阶层。所以，佛罗里达州劳德代尔堡的诺瓦大学才能激励那些身穿深色西装、白色衬衣，雄心勃勃但职业受阻的航班旅客前去攻读“博士”学位：

无须中断事业就能拿到教育学博士学位

研究美国智力地理的病理学家无法不注意到，这类大学有许多都位于加利福尼亚州，这个州为它们提供了场地、合法的自由和足够的轻信，这些大学包括：

联合大学

南方联合研究生院

西南大学

美国西部大学

以及许多别的大学。贝弗利山大学显然在这类或那类事情上做得太出格了，最后只好寿终正寝。创办冒牌大学更好的地方或许只有夏威夷，那里起码在1988年前都没有法律禁止这类冒牌货。佛罗里达是创办冒牌大学的另一处备受喜爱的地方。这类诈骗特别青睐加利福尼亚、佛罗里达、夏威夷这类地方，或许不仅仅因为那些地方禁止欺骗的法律比较脆弱或根本就没有，还因为在那些阳光灿烂、让人乐观的地方，室外通常比室内更有价值，表象同样也会战胜实质，所以好莱坞、罗纳德·里根[①]等等也是这类地方的产物。如果你认为美国的恶俗形势已经很糟糕了（我们的同胞中有五十多万人“持有”冒牌学位证书），你还可以看看印度和哥伦比亚的情形。印度有好几所假冒大学公开向一切来宾出售医学学位，而据最近的报导，哥伦比亚甚至可以夸口说，它至少有不下56所的假冒大学（其首都波哥大就有27所），任何人只要支付高昂的费用，就可以毫不费力地拿到学位证书。想了解更多这类令人沮丧又让人大开眼界的事情，请参阅大卫·斯图尔特（David W. Stewart）和亨利·斯皮勒（Henry A. Spille）合著的《文凭工厂：学位骗局》（***Diploma Mills*：*Degrees of Fraud***，纽约，1988年）。

你也不必为了找出恶俗的证据，就去搅动这摊污泥，中产阶级中就存在着大量的恶俗。恶俗的大学和学院是这样的一类学校——他们的全体教职员工都带有讲究的头衔，毕业典礼上学生们都穿着俗丽的长袍和披肩，却不学习外语或古代语言、

[①] 曾任加州州长。——编者注

不学习历史、不学习哲学原理，也不学习思考的技巧，他们通过在各种与专业毫不相关且往往毫无价值的科目上累积“学分”来获得学位，那些科目中的大部分都涉及高中时就学过的时事政治。在毕业典礼的最后，恶俗的大学和学院还会推举出够资格令人难忘的学生，这些学生的论文（如果有的话）从未受过严格的评鉴，从未被要求做大量的修改。恶俗大学和学院的学生（当然还有教职员工）都缺乏求知欲，除非求知欲能带来学术方面的晋级。还有美国东北部的一所大学，将体育系更名为人体动力学系，其教导学生保持基本诚实的能力可见一斑。

恶俗大学和学院生产着自动加入劳动者阶层的学生，他们没有能力判断自己正在做什么，自己的工作是对还是错、是高贵还是卑贱。由于本身已经习惯了恶俗，他们长大后就会变成遍布五湖四海的恶俗观众和恶俗顾客。他们中有一大批人对知识不感兴趣，却会通过适时成为母校的“支持者”来表达他们对母校的赤胆忠心，这类虚荣、狡猾、鲁莽、欺诈成性的捐赠者支持他们学校的体制，即便不是出自真心，也会支持母校那些既不够格又弄虚作假的学生运动员。1990 年 6 月，《高等教育纪事报》（*Chronicle of Higher Education*）刊登了一份最近被揭发的学院名单，他们因违反自己曾公开同意遵守的全美大学体育协会规则而丢尽脸面，他们的行为导致了如下这些恶果：被指责、被暂停参赛、被取消过去的优胜纪录、被留待察看、被暂时取消未来的电视亮相机会、被削减奖学金、归还不正当收入、禁止聘用校外教练、被取消当前赛季的比赛资格。要知道《高等教育纪事报》

并不是一份嘲讽性的报纸，至少不会公开嘲讽，一般也不会嘲笑报导对象。不过，读者并不需要十分聪明，或具备怀疑精神，或喜欢冷嘲热讽，就能欣赏这个可怕的笑话了。这些被揭发的学院都被称作“大学”，现在，如果法庭允许，请你尽情想象一下那些犯规的运动员都是在这类地方接受道德教育的。下面是《高等教育纪事报》披露的丢脸的学院：

阿黛尔菲大学

阿拉巴马农业与机械大学

亚利桑那州立大学

辛辛那提大学

克莱姆森大学（这所学校在苏联创办了第一家商学院，从而将美国文化带到了苏联）

克利夫兰州立大学

东肯塔基大学

佛罗里达农工大学

格兰布林州立大学

休斯顿浸会大学

休斯顿大学

堪萨斯大学（对体育项目“缺少制度化控制”——《高等教育纪事报》）

肯塔基大学

马歇尔大学

马里兰大学帕克分校（“缺少制度化控制……四位前任教练和其他人员的不道德行为”）

孟菲斯州立大学

明尼苏达大学双城分校（“缺少制度化控制”）

北卡罗来纳州立大学

俄克拉荷马大学

俄克拉荷马州立大学

罗伯特莫里斯学院（是匹兹堡附近的一所商学院。“不正当地援助一名男篮队员，缺少制度化控制”）

南卡罗来纳大学

东南路易斯安那大学

南方卫理公会大学（“屡次犯规的典型”）

纽约州立大学普拉茨堡分校

得克萨斯农业机械大学

西得克萨斯州立大学

这份名单几乎没有揭露这些学校恶俗的程度。但在同一期《高等教育纪事报》中，我们还读到：

教练承认多年来都付钱给中央华盛顿大学的运动员们……

……当内部查账的结果表明这个篮球教练将 6.5 万美元分给他的队员时，学校管理层都很震惊……成百上千的人……都说他们支持这个教练。这个教练坚持认为他给队员们的钱，只是他们工作应得的工资……或者他们会通过工作来偿还的贷款……支持教练的人们想知道，如此明显的善良之举怎么会被看作不正当呢?

尽管受到了全美大学体育协会的制裁，卑鄙小人们很快又会卷土重来。就在最近，南方卫理公会大学那些因多次见利忘义的犯规而受到严厉处罚的教练们，又竭力要求学校允许他们参加招生讨论，这样他们就可以冲着那些肯定受过教育的文明人大放厥词了。

显而易见，这类学院（这才是正确的称呼）在智力上不存在任何差别。《高等教育纪事报》在披露违规学校名单的基础上，再刊登一份更为严正的警报可能比较好。警报的内容可以这么写：

父母们注意啦!

如果你们不想欺骗你们的孩子，如果你们希望他们诚实、心智独立、勇敢、有思想且自尊自爱，那么，在任何情况下都不要让他们去上这类学校。除了赞助运动员的艺术、给权威使眼色的技巧，他们在那些地方几乎什么都学不到。

可怕的不是糟糕；可以这么说，在这个国家，糟糕是预料之中的事。真正可怕的是恶俗，这些学院冒充真正的大学——可敬、博学、不受腐蚀，并因其无私的学术工作而堪称社会的指路明灯，这才是真正的恶俗。

恶俗的学位服附录

在大学生们穿着素净的黑色长袍，戴着传统的方形学位帽列队参加毕业典礼的时代，只有披肩——注意，不是**肩带**——上有一些彩色，这儿那儿地作一些点缀，以表明毕业生们的学位和授予他们学位的学院。那时，人们知道学位服是一整件的**长袍**，而不是可以分成几件的**礼袍**，像法官礼袍那种，这就好比城镇居民有别于大学师生。如今，由于大学和学院以令人窒息的速度猛增，混进里头闲逛的人也大幅增加，这类学校中已经很少有人知道该如何称呼学位服和其他的许多东西了，似乎他们从未听说过查普曼[①]翻译的荷马作品、斯宾诺莎[②]或“伟大的存在之链”[③]。既然简洁已经变得可疑，矫揉造作和毫无意义的花哨就取代了古老的庄重与高贵，正如在当代的表演和对话（见“恶俗对话”）中，精妙的低调已经罕有了。所以现在你在毕业典礼上看到的学院队列，十有八九都是恶俗的。

在这个问题上，哈佛大学理应承受大部分的谴责，因为是它开创了学院服的“现代运动”，允许哲学和其他专业的博士毕业生穿桃红色（哈佛认为是**深红色**）的长袍，袖子上带着对比明显的黑色天鹅绒条纹。闸门一旦打开，

---

① George Chapman（1559？—1634），英国诗人、戏剧家、翻译家，译作有荷马的《伊利亚特》和《奥德赛》。——译者注

② Spinoza（1632—1677），荷兰哲学家。——编者注

③ The Great Chain of Being，一种观点，起源于柏拉图和亚里士多德，在新柏拉图派哲学中得到充分的发展，认为世界上的所有事物和生物有着严密的宗教等级结构，位于链条最顶端的主宰者是造物主。美国霍普金斯大学哲学系教授、系主任，观念史研究大家亚瑟·洛夫乔伊（Arthur O. Lovejoy）1936年出版了同名书籍。——编者注

最糟糕的大学很快就给他们的博士生配制了最俗不可耐的长袍。现在看来，学位帽也已经无可救药地过时了，小小的宽顶方形圆帽便被设计了出来，一些十分恶俗的学校还推出了其宽无比的仿伊丽莎白礼帽，一旦会计系或营销系的教授们戴上这种帽子，就会不知不觉变得滑稽。这些教授对文艺复兴的知识如此有限，恐怕也不会知道詹姆斯国王的帽子是什么样的吧。

由于“色彩革命”前备受哈佛大学钟爱的那种高贵的黑色博士长袍前面两条天鹅绒饰带上绣着的两只彩色小青蛙能表明学位的级别（比如蓝色代表“哲学博士”），很快，恶俗大学和学院也知道自己可以用各种标识和符号来装饰饰带了，比如大学的校徽及校徽下方的绶带（当然都是按学校的头衔伪造的），以及各式各样醒目的标记。不久，哥伦比亚大学的博士们就开始炫耀饰带上两顶相对应的王冠；罗格斯大学（过去的女王学院）博士服的饰带上则是两个丑得吓人的斜体大写字母“*Q*”，下面写着“1766”；密歇根大学则是两盏小小的学习用灯（知道什么意思吧？）；波士顿大学博士服的饰带上装饰着的，是这所学校那俗丽且毫无品味的校徽……

神职人员的服饰供应商也不甘落后，紧跟时代潮流。如今，你可以在牧师们炫耀的长袍上看到前面的饰带上对称地装饰着阿尔布雷特·丢勒[①]那双著名的、极其通俗的祈祷之手，

[①] Albrecht Dürer（1471—1528），德国画家、版画家及木版画设计家，《祈祷之手》是其最为传世的作品。——编者注

这样教徒们就懂了。所有这些现象都体现了恶俗的本质——只在夸张的、头脑简单的表面工作上下工夫，这就好比不恰当地给黑白老电影上色，使其变得绚丽多彩，或用新闻图片去说服大众。

5. 一种想法

恶俗已经远远地走在了前面，任何力量都休想一下子让它慢下来。唯一的办法还是嘲笑恶俗。如果连这个也不做的话，那你就只能哭了。

美国的愚蠢

所以说，美国是恶俗的。恶俗之所以会在美国泛滥成灾，是因为在所有国家中，美国最沉迷于自我夸耀和自鸣得意，甚至超过了法国。“上帝要我们拥有世界上道德最高尚的国家”，《今日美国》最近援引俄勒冈州一名护士莉莎·尼尔森的话说。正是这一普遍的信念，为美国拒不放弃对前殖民地，比如巴拿马和菲律宾充当道德警察角色的习惯找到了借口。于是，这些国家的被告就只能被强制送到未受玷污的美国“大陆”，接受美国司法机关的审判和意料之中的耻辱。

美国是全世界道德虚伪的大本营。在近半个世纪内，美国都自视为自由世界的领袖，以为对那些没这么幸运的国家而言，自己在所有方面都很杰出，都是他们的楷模，这一习惯使美国人很容易忽视某些令人不快的事实。就说说目前美国成年人中的文盲比例吧，我居住的这座大城市已承认的文盲就占了人口的40%，毫无疑问，实际比例会更高。的确，在联合国的158个国家中，美国国民的文化程度只排在第49位。1990年的人口普查因为一个令人吃惊的原因而遇到了麻烦：相当多的人一看到信箱里的人口普查表，就把它给扔了，因为他们看不懂那张表，就跟他们读不懂任何英语文章一样，包括童话故事《三只小熊》和《灰姑娘》。这些人就是会在火车站问旁边的人到罗切斯特的火车停在哪个站台的人，因为他们读不懂标识牌。还有很多人不会看时钟，所以你会在大街上遇到拦住你问时间的人。他们并非买不起手表，他们只是不懂得看时间。

有人会说，够了，够了，你说的这些都只是“少数”，不然这些人显然就是下层平民，他们自然什么都是糟透了的。但在美国的6000万功能性文盲[①]大军中，有许多人都跟乔纳森·考泽尔[②]在《文盲的美国》（*Illiterate America*）一书中讲到的那个职业人士一样，谨小慎微又显然很做作。这个人在纽约工作，他的一天是这样度过的：

早上起床后淋浴、剃须，然后穿上深灰色的西装下楼，在他家附近街角的小报摊上买一份《纽约时报》。将报纸整整齐齐地折好后就走进地铁，9点钟到办公室。

将折好的《纽约时报》紧挨着办公桌上的公文包放好后，

[①] functionally illiterate，联合国于1965年在德黑兰一次国际会议上提出的概念，指的是受过一定的传统教育，会基本的读、写、算，却不能识别现代信息符号及图表，无法利用现代化生活设施的人。——编者注

[②] Jonathan Kozol（1936—），美国作家、教育家、行动主义者，美国国家图书奖得主。——编者注

他就开始为编辑交给他的一份广告文本设计说明图片，那位编辑就是他的老板。

“跟我好好讲讲这个稿子吧。尽管放心，我能抓到你真正想要的东西。”

那位编辑一点也不怀疑，把这看作是合理的要求。在编辑详细阐述文本的过程中，他背下了整篇稿子，将稿子的内容迅速印在了脑海里。

午饭时他拿着折好的《纽约时报》去了一家咖啡店，把报纸放在他的餐盘边上，吃了一块三明治，喝了一杯啤酒后很快就回到了办公室。

下午5点，他拿着公文包和《纽约时报》等电梯，下楼后再步行穿过两个街区，去赶开往住宅区的公共汽车。他在住所附近街角的一家商店前下了车，进店里买了一些吃的，然后就上楼了。

到家以后，他把《纽约时报》放在堆报纸的老地方。稍晚一些，他会用其中的一两份报纸包垃圾。吃完晚饭后，他会打开电视，如果办公室里“有人提及某些新闻，他会依据自己从电视上得到的信息给出一个干巴巴的、冷嘲热讽的回答”。虽然总担心自己会被揭穿，他还是成功地躲过了不少这样的场合。他对考泽尔说，他常做的一个恶梦是某个时刻某个人拿出一张上面写着字的纸，不耐烦地冲着他问：“这是什么意思？”每次梦见这一最令他感到羞耻的景象，他都会尖叫着惊醒过来。

6000万文盲中肯定包括不少这样的职业人士，永远害怕露馅，不安地存在于这个被有教养的人掌控并主宰的世界。如果6000万人都跟那个人一样，是功能性文盲，那美国还有6000万人就只具备人们仁慈地定义为“小学五年级水平”的阅读能力。每年读书超过一本的人只占成年人口的6%，而且所谓的“书”定义宽泛，包括准色情爱情小说和《如何使自己看上去比现在更棒？》一类的指南。6%的成年人每年只读一本“书”，那剩下94%的成年人对社会现实的了解就完全依赖电视、广播、道听途说、报纸（目标读者是智力水平等同于八岁小孩的人），以及主要致力于提升读者“自尊心”的杂志。

所以，与同样工业发达的国家相比，美国在许多方面都存在着缺陷。明显的一个缺陷，是美国在工业设计领域相对于日本的劣势。在这个领域，如评论家道格拉斯·戴维斯（Douglas Davis）所说，“我们落后于竞争对手数十年”，这一事实却被我们独有的自大习惯所轻视或漠视了。“残酷的现实是”，戴维斯指出，“除了极少数的例外，美国的消费品都风格枯燥乏味、创意不足、做工粗糙。”同样，任何一个睁着眼睛旅行的人都知道，在社会福利方面，美国与大多数欧洲国家相比显然处于劣势。引人注目的是，我们的谋杀率和暴力犯罪率却远远高于其他的工业发达国家，再加上婴儿死亡率是日本的两倍，美国根本就没有什么理由可以洋洋自得。事实上，在“文明”国家中，美国的婴儿死亡率排在第22位，远远落后于法国、意大利、德国、奥地利、比利时和英国，甚至落后于西班牙和爱尔兰。此外，即便某人在这个国家顺利地出生了，他的麻烦也并未就此终止。全美青少年死亡人数的3/4以上都死于自杀、谋杀或意外导致的暴力，堪称一项世界纪录。1990年3月，《纽约时报》声称：“与其他11个工业发达国家相比，美国孩子更有可能生活贫困、生活在单亲家庭，并在25岁之前被杀害。”其中许多青少年是被烧死的，在所有工业发达国家中，美国的防火安全纪录最差，更不用说引人注目的吸毒人数了。

将美国对暴力的嗜好、对武器像得了相思病一般的热爱，和对毒品的渴望放在一起，你就会有这样的发现（《纽约时报》，1990年6月27日）：

到目前为止，美国已成为工业发达国家中的杀人首都

据联邦调查局报告，美国年轻人中的“杀人率”（即谋杀率，见“恶俗语言”）是其他工业发达国家的4~73倍。他们透露国内3/4的谋杀案都会使用武器，而海外只有1/4的谋杀案会使用武器。

在这片自由的土地上，几乎人人都可以自由地使用枪支；在这个勇者的故乡，没有人会被认为是真正勇敢的，因为可能一场架还没吵完，就有一把枪已被制造了出来。

此外，美国人的愚蠢和无知长久以来都是欧洲人的笑柄。不是“美国的青春活力”，我们现在谈论的是“美国的愚蠢”，按克里斯托弗·拉什[1]的定义，也叫“麻木的扩散”。学校竟然连受半瓶醋教育的公民都培养不出来，这已经不是新闻了。美国高中17岁的学生中只有42%的人能读懂一篇报纸社论，还是最愚蠢的报纸上的社论。这些学生如果不是“理解力”有问题，就是没能聪明地掩饰住自己完全没有阅读能力的事实。学生学习能力测试分数日益下滑的丑闻已经传了很多年，从1969年到1989年，志在考取“学院”的高中毕业生的分数就下跌了53分。在大多数美国大学里，大多数学生要将第一年（有时第二年也要算上）的时间花在“学习”上，这种“学习”只能称之为补习。最近，纽约电话公司不得不从5.7万人中筛选出2100名足够聪明的人，去担任安装修理工。现在，如果你听到一家律师事务所的合伙人抱怨他面试的人，即使毕业于最好的法学院，也不能作清楚的口头表达和书面表达，更不用说生动流利地表达了，那你也不必感到吃惊。这些人就是当今的电视和视觉环境培养出来的无能的年轻人，不理解法律，也不能精确地理解或有效地使用语言。

许多教师来自智力低下的阶层，一所公立学校的老师可以作证：“我所在学校的一名二年级老师有一天走到我跟前，问我一年有几个星期……接着又问一年有多少天。”当她被问到是怎么知道这些事情的时候，这位有学问的老师回答说她是在小学里学会的。显然，学校的全部课程对许多老师来说太难了，他们只

[1] Christopher Lasch（1932—1994），美国著名历史学家、社会评论家。——编者注

好绕开那一大堆他们不懂的东西，其实那些课程为了避免所有学生都学不懂，已经设计得很简单了。说到高校的状况，虽然Ｅ．Ｄ．赫希[1]认为要具备“文化素养”，人们就有必要了解标准的东西，这种观点可能有些过分，但每天仍然有证明公众无知的令人震惊的新例子出现。某家全国性报纸最近刊登了一幅布什总统接受一个荣誉学位的照片，照片是在披肩从他头上往下披的那一刻拍的，图注写道：“布什总统出席他的文学博士学位授予典礼，正被披上饰带。”这家报纸连学位服的披肩都说成了“饰带”，却居然获得过几次普利策奖。

美国这种与日俱增的愚蠢，在一些出乎意料的地方也能见到。所有签银行支票签了 50 年的人都会注意到，甚至在这么重要的物品上也存在愚蠢。如今，有人觉得有必要在支票上印一个小方框，这样金额的数字就可以填在里面了，好像不这么做的话，人们就搞不清楚该把数字填在哪里。支票背面也有一项重大的创新，有一个确定的地方让你签名，好像人们都不知道该在支票的哪一头签名似的。看来有必要通知一下准备寄信的美国人：“邮资不足的话，邮局将不予投递信件。”这在过去都是不言而喻的事情。

还有能“正确拼写”的打字机。这东西之所以这么流行，是因为没有几个“书写者”能很好地驾驭自己的母语，好到不需要机器帮忙就能拼写正确；还是在这个老百姓愚蠢至此

[1] E. D. Hirsch（1928—），美国教育家、解释学家。——编者注

的国家，人们花了大笔的钱买东西，却丝毫看不出所谓的“折扣退款”有多荒唐可笑，他们从不指望商品的价格在出厂时就能降一些。想想吧，你郑重其事地把钱递过去，然后等着其中的一些被装腔作势地递回来，然后感觉自己在这场讨价还价的交易中赚了一把；还有一种新式的做法：全国铁路客运公司的乘客在被允许进入站台前，要接受仔细的检票。铁路客运公司的动机很明显，因为文盲（平均每天有30%的乘客可能是文盲）既读不懂车票也读不懂大门口指示目的地的标识牌；还有会出现如下现象的这种文化：不仅当地的天气预报，全国各地的天气预报也都被电视台看作电视新闻中一个有趣的话题，（上帝原谅我这么说）所以值得花大价钱请一个名人来正经八百地对天气评头论足。

这个国家将数亿美元花在“探索”外层空间上，同时却有数以百万计的穷人和饥饿的人像印度加尔各答人一样露宿街头；成百上千万的人在精神和文化上如此空虚，以致他们给自己作定位并获取自尊的主要方式就是去“购物”；这个国家还垂涎于将东欧美国化，在那里培植给我们带来白色加长型豪华轿车、唐纳德·特朗普、吉姆·巴克和塔米·巴克夫妇、利昂娜·海姆斯利，以及米尔肯[1]和伯尔斯基[2]一类人

[1] Michael Milken（1946—），20世纪80年代驰骋华尔街的“垃圾债券大王”，J. P. 摩根之后美国金融界最有影响力的风云人物，后因6项重罪指控被判10年监禁，赔偿和罚款11亿美元，并被永远逐出华尔街，不得再从事证券业。——编者注

[2] Ivan Boesky（1937—），因20世纪80年代中期一起华尔街内部交易丑闻而出名的美国股票交易员。——编者注

的价值观。

这个国家将一个过气的电影明星选为总统，以此证明自己精神层面和物质层面的价值观。这个电影明星对现代和当代历史都很无知，以致长期在有知识的人中间上演着一场闹剧。他对世界的现实是如此地漫不经心，在 1980 年代后期竟然断言已经没有几个活着的德国人还记得第二次世界大战了，这样的总统却还得以连任。他信奉的主要观点是：校园祷告与废除富人的税赋都是国家需要的，而穷人和无家可归者都是自找的。

美国的愚蠢是什么时候开始的呢？肯定不是从富兰克林和杰斐逊开始的。一些粗鲁的无神论者和具有粗俗智慧的家伙（对他们来说没有什么东西是神圣的）企图将“卑躬屈膝的傻瓜作风”（一位社论作者的说法）的起源定在 19 世纪 30 年代。其时，天使摩罗乃告诉约瑟夫 · 史密斯[①]，有一些埋在地下、记载着大量悲惨事迹和训喻的金页片[②]要给他看，看完后，约瑟夫 · 史密斯就说服一大帮乡巴佬创建了一种新的宗教。马克 · 吐温认为美国的愚蠢在他的时代就已经很发达了。也有些人说随着琼斯城的集体自杀[③]，这种愚蠢在 1978 年到达了顶点。到今天，这场愚蠢运动已经非常明了了，足以令人联想到当代两个随之产生的现象（如

[①] Joseph Smith Jr.（1805—1844），摩门教创始人。——编者注

[②] 上面的内容经约瑟夫·史密斯翻译后，就成为摩门教的教会正典《摩门经》。——编者注

[③] 1978 年 11 月 18 日，美国 912 名基督教人民圣殿派教徒追随教主吉姆·琼斯死在偏远南美丛林英属圭亚那所谓的“琼斯城“。其中一些成员是被枪杀的，一些被强迫喝了毒药，大多数人服毒自杀。——编者注

果这两个现象不是原因的话）。

第一个现象是电视搞笑频道提示观众何时该笑（如果挤眉弄眼和夸大其词都不奏效的话），电视台还需要使广告针对那些最无知、最容易轻信、心理上最没有安全感的人。怀疑和评论类节目已被电视台严厉地删掉了，要是这类节目出现在电视上，电视节目就再也无法成为一种令人满意的愚蠢工具了。

第二个现象是公立中学的垮台，玩忽职守的学校管理者最后一次被见到是什么时候？

这两个现象是导致我们的智力和文化出现困境的主要原因，对此大家似乎已经取得了广泛的共识。芭芭拉·艾伦莱彻简明扼要地总结了“几十位电视评论员”的发现，然后指出“由于电视与‘艾波卡特中心’式教育[①]结合在了一起，美国的文化已经私有化、粉碎化，并也许不可逆转地白痴化了。”即便一些人对智力和文化出现困境的确切原因持有不同的见解，但有一件事情很清楚：愚蠢的一个小代价，是美国的经济实力转移到了日本；而一个大代价，是彻底摧毁了美国的舒适、差异化、复杂和魅力，这是一个国家适于定居的要素。

使这种愚蠢加剧的，是近年来技术的迅速复杂化。当今的美国可以被定义为一个巨大的堆积物，在里头，并不特别敏锐、专注的人们被迫操作一种特别复杂的技术，而其他所有事情都是

[①] 艾波卡特中心也称为高科技馆，教育性比较强，有较多科教的部分。——编者注

平等的，总是胜过别的国家。难怪美国四处都潜伏着谬误和尴尬，难怪掩饰和自夸（也就是恶俗）变成了最受喜爱的国家风格。今天的一个标准景观，是一位焦虑的年轻人要求别人给他 5 分钟时间完成一笔简单的零售交易。他要花这么长的时间，是为了满足那台怪物一样嗡嗡作响、时而呼啸时而哼唱的机器的要求，这台机器既是点钞机、当前库存账目、发票开票机，又能防止雇员偷盗，令雇员自重。每一名雇员都是一台机器的跟研，那个茫然困惑、微不足道的年轻职员，不过是面对不断增加的刻度盘和指示灯的飞行员的一个简单版本。那些增加的刻度盘和指示灯往往根本就用不上，飞行员只好偷偷切断它们的电源，以免工作变得太复杂，自己无法胜任。

这一切自然会造成过度弥补，这常常又导致了某种形式的恶俗。大多数人经历的真实的美国生活是如此地枯燥乏味、单调、胸无大志，远离了过去的传统，又难以跟欧洲文化产生共鸣，所以需要被“提升”，并被加工成某种美好的东西。恶俗于是成为全民空虚和迟钝的一种可以理解的表现，并且，其形式至少能代表美国人对卓越和价值的幻想。举个例子，如果一个城镇没有一家值得光顾的餐馆，那么，与现有的餐馆老板合作玩一场恶俗的游戏，对当地人而言也算一种安慰吧？这个游戏其实就是笨拙地模仿正宗的餐馆：正儿八经地对待华而不实、狗屁不通的菜单，冒牌的法国菜，以及像芭蕾舞表演一样的酒水服务。因为要表现恶俗，就得有两个演员，一个充当表演者，另一个充当观众，两个人必须共同致力于颠覆真实的阴谋；如果一个城镇没有美，没有个性，没有魅力，居民都是财迷、市侩和自满的乡巴佬，那他们跟当地装腔作势的“艺术画廊”兼礼品店合作，得到一些丑陋的、批量生产的雕塑仿制品，弄得好像它们是真的“艺术品”，这也算一种安慰吧。

恐怕没有必要在这里指出，并非美国的一切都是糟糕或恶俗的。一些品味存活了下来，足以将穆罕默德·阿里之流赶出视线之外，不让他在公众面前说话[①]；这些品味也足以让一些人认识到（尽管含蓄而无声）越南战争是一件丢脸的事。美国的有些东西的确不错，甚至非常好，比如《麦卡－沃尔特法案》[②]一类愚蠢行为出现之前开放的边境；此外，只要美国公民是自由的这一说法仍然成立，他们仍然可以被邀请去周游世界；再加上《宪法第一修正案》的话，你就拥有一大堆让人羡慕的价值观了，几乎值得你为它们去死。外交官兼学者乔治·F·凯南[③]了解这一点，尽管他在新作《生活速描》（*Sketches from a Life*）中给了美国一个糟糕的评价。他在书中承认，像“萧瑟暗淡”这样的词能最好地描述他今天看到的祖国。他解释道：“读者可能会以为我只看到了丑陋、庸俗和堕落”，但他总结道，是单纯的喜爱之情使他的目光停留在这些污迹上，“我如果对这个地方没有属于自己的一种热爱，那它表面上的这些瑕疵就不会如此有力地击中

[①] 美国拳击手穆罕默德·阿里诙谐幽默，喜欢用语言和诗来愚弄对手。——编者注

[②] *McCarran-Walter Act*，即 1952 年修订的《移民与国籍法》，该法规要求不仅对移民，对访美人士也要进行严格的意识形态检查。——编者注

[③] George F. Kennan（1904—2005），美国外交家、历史学家、普利策新闻奖获得者、“冷战”时代的顶级战略家。——编者注

我……”

一年中总有那么一天，美国接受到的只有赞美，那一天就是 7 月 4 日。在其他时候，希望美国变好的人们就要全力以赴地将美好与糟糕，尤其是与恶俗区分开来。

恶俗的未来

恶俗的未来浩瀚无边，类似 1879 年马修 · 阿诺德[①]所说的诗歌的未来。他当然是错的，但如果我们以为只要痛扁一顿恶俗的人或列出他们的名字，就可以妨碍恶俗的进程，那我们就错得更离谱了。新一任呆滞女神已经坐到马鞍上了，她的仆人“贪婪”、“无知”和“炫耀”也已随侍左右。简单地说，恶俗已经远远地走在了前面，任何力量都休想一下子让它慢下来。

即便我们炸毁师范学院；将航空业国有化；将大学要求的平均成绩恢复为C（一般），而不是现在的B（良好）；在高中重新开设拉丁语课程；不再出于贬低的目的，称儿童为“小家伙”、称警察为“条子”；取消校际体育比赛；抑制国民自吹自擂的冲动；提高资本利得税；教会一代人嘲笑广告，并对占星术嗤之以鼻；建造不会坍塌的桥梁；远离外层空间；让有教养的人知道，

① Matthew Arnold（1822—1888），英国诗人、教育家，评论家。——编者注

评论是他们的主要职责；有品味地熟练地说、写英语及其他语言；召集无家可归的人组建一支新的国民卫队；拍摄有智慧的电影；在海军中制定更高的勇气标准和纪律标准；创办几家成熟老练的全国性报纸；当餐馆经理过来问晚饭吃得好不好时，让恶俗餐馆的食客有勇气说“不好”；丢弃沾沾自喜的“冷战”精神病残留的一切心态；改善公共标识的措辞、提高公共雕塑的品味；让有艺术才华的人设计邮票和硬币；将公共电视台变成与任何商业都没有瓜葛的媒体。

但这一切都不大可能实现，所以唯一的办法还是嘲笑恶俗。如果连这个也不做的话，那你就只能哭了。

致 谢

在这本书的写作过程中，我得到了许多人的鼓励和帮助，在此向以下人士表示由衷的感谢：玛西·贝林格（Marcy Behringer）、泰利·多尔蒂（Terry Doherty）、贝蒂·卡罗尔·弗洛伊德（Betty Carol Floyd）、塔基·福塞尔（Tucky Fussell）、萨缪尔·威尔逊·福塞尔（Samuel Wilson Fussell）、詹妮弗·赫尔曼（Jennifer Herman）、F.J.罗根（F.J.Logan）、杰克·林奇（Jack Lynch）、谢尔登·迈耶（Sheldon Meyer）、约翰·斯坎伦（John Scanlan）、詹姆斯·西尔伯曼（James Silberman）和克里斯汀·范·奥格特鲁普（Kristin van Ogtrop）；感谢我值得称赞、令人愉快的研究助手朱迪丝·帕斯科（Judith Pascoe）和凯伊·惠特尔（Kay Whittle）；还有许多人的著作给了我非常重要的帮助：唐·莱塞姆的《最糟糕的一切》，尽管它关注的是糟糕而不是恶俗；理查德·伯耶（Richard Boyer）和大卫·萨瓦乔（David Savageau）的《地区估评年鉴》（*Places Rated Almanac*）；文森·史坦顿（Vince Staten）的《未经授权的美国》（*Unauthorized America*）；乔治·图默的《美国的种种极端》（*American Extremes*）。最后，我要再一次并永远感谢我的妻子哈丽雅特·贝林格（Harriette Behringer）的陪伴。

出版后记

《恶俗》是美国作家保罗·福塞尔继《格调》之后的又一本社会批评力作，从关注的层面和写作风格看，《恶俗》都称得上是《格调》的姐妹篇。本书虽然初版于20世纪90年代初，但对今天的美国、今天的中国，对今天世界上许多国家而言，都还有很强的现实意义。

这本书的修订工作，主要是在旧版译稿基础上，一句句对照英文原书，修正翻译错误，规范人名、地名、物品等的译法，并在需要加以注释的地方加了脚注，以便于读者理解作者的本意，尽可能地将本书刻骨又诙谐的讽刺挖苦、毫不留情的揭露批判等种种精彩传达给读者。作者惯于引经据典，涉及的话题又包罗万象，还采用了很多暗喻、暗讽的手法，虽然已尽力避免，但因知识水平有限，难免会有疏漏，读者若发现某处译文不恰当或有更好的译法，欢迎随时向我们指出，我们会在重印时加以修正。

这本书所讨论的，不是什么高深的学问，而是人类生活中的种种现象，当然，这也许才是真正重要的。对人类生活的观察、研究和思考所产生的著作，几千年来早已汗牛充栋了，本书不过是大海中一粒小小的水滴。作为出版者，我们只希望带给大家一些非主流的声音，和一个严肃的思考者对人类生活的思考。

作者认为，这是一个恶俗大爆炸的时代。如果按作者对恶俗的定义，在今天的中国，我们看到的恶俗丝毫不少于作者笔下的美国。

在以经济发展为纲、主流价值观趋向实用功利的这个国家，人们对体面生活、社会地位和成功的追求，或许已经使我们太过疲惫了，在疲于奔命的工作之余，就很容易选择相对轻松的感官娱乐方式，比如吃、玩、娱乐节目、八卦新闻等等；并学习相对实用的技能，比如成功学；我们不想费神去思考严肃的东西，更不懂得应该警惕网络、电视等媒体给我们灌输的价值观。并且，在经济相对富裕以后，我们已经迫不及待地需要通过外在的方式，来展现自己的品味了。于是，伴随着对浮华的表面事物的追求，对表象而非内在的重视，服装、化妆品等装饰性行业和娱乐业都兴旺发达起来，包装成为许多行业的制胜法宝，伪饰、做作、炫耀、浅薄大行其道。于是，许多事物的表象与实质渐行渐远，也就为恶俗创造了土壤。你看看那些标榜“豪华”、“奢侈”的房产广告，装修堂皇、菜肴却极其一般甚至偷工减料的高档餐馆，或煽情或励志的电视综艺节目……哪一样不恶俗？

也许有人会觉得作者的措辞太过尖锐刺耳，但尖锐刺耳不等于没有真知，包容也不意味着就要接受恶俗和愚蠢。并且，对善于伪装的恶俗而言，也许只有通过这种方式，才能淋漓尽致地揭露其虚伪做作的真面目。

这本书可以用来消遣，精彩绝妙的讽刺挖苦能让人拍手称快；也可以用来学习，作者对一些现象的描述和剖析非常准确，常给人豁然开朗之感；还可以当参考资料用，你肯定会在书中看到你熟悉的许多人和事，从而学会在这个喧嚣的社会中看清真相，这样才能更理性地思考、更清醒地生活。

福塞尔早已看透了这个恶俗的世界，并早早预言，这样的世界还将持续很多年。在睿智、犀利、风趣的福塞尔离开之后，这个世界还真的那么恶俗吗？这种恶俗真的无可救药吗？这就需要我们擦亮眼睛，并保持警惕了。

最后，感谢石涛老师为本书新版所做的一切。

服务热线：133-6631-2326 139-1140-1220

服务信箱：reader@hinabook.com

后浪出版咨询（北京）有限责任公司

2012 年 8 月

图书在版编目（CIP）数据

恶俗 /（美）福塞尔 (Fussell,P.) 著；何纵译 .
—北京：世界图书出版公司北京公司，2012.7
书名原文：Bad or, the Dumbing of America
ISBN 978-7-5100-4926-2
Ⅰ. ①恶… Ⅱ. ①福… ②何… Ⅲ. ①社会地位—分析—美国 ②阶层—分析—美国 Ⅳ. ① D771.269
中国版本图书馆 CIP 数据核字（2012）第 148406 号

北京市版权局著作权合同登记号 图字 01-2012-3299

恶俗，或现代文明的种种愚蠢（修订第 2 版）

著　　者：（美）保罗·福塞尔　**译　　者：**何　纵　**筹划出版：**银杏树下
出版统筹：吴兴元　**责任编辑：**罗炎秀　**营销推广：**ONEBOOK　**装帧制造：**墨白空间

出　　版：世界图书出版公司北京公司
出 版 人：张跃明
发　　行：世界图书出版公司北京公司（北京朝内大街 137 号 邮编 100010）
销　　售：各地新华书店
印　　刷：北京正合鼎业印刷技术有限公司（北京大兴市黄村镇太福庄东口 邮编 102612）
（如存在文字不清、漏印、缺页、倒页、脱页等印装质量问题，请与承印厂联系调换。联系电话：010-61256142）

开　　本：787 × 1092 毫米 1/32
印　　张：8.25　插页 4
字　　数：200 千
版　　次：2012 年 11 月第 1 版
印　　次：2012 年 11 月第 1 次印刷

读者服务：reader@hinabook.com 139-1140-1220
投稿服务：onebook@hinabook.com 133-6631-2326
购书服务：buy@hinabook.com 133-6657-3072
网上订购：www.hinabook.com（后浪官网）

ISBN 978-7-5100-4926-2　　**定　　价：**29.80 元

后浪出版咨询（北京）有限公司常年法律顾问：北京大成律师事务所　周天晖 copyright@hinabook.com

格调：社会等级与生活品味（修订第3版）

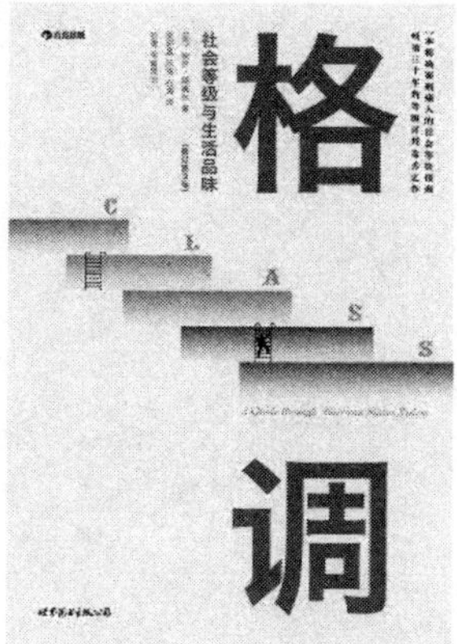

著　　者：(美) 保罗・福塞尔
译　　者：梁丽真 乐涛 石涛
书　　号：978-7-5100-3951-5
出版时间：2011.10
定　　价：32.00元

精确而刺痛人的社会等级指南

畅销三十年的品味评判毒舌之作

他的目的就是要冒犯大众……他成功了，用他源源不断的机智和善意的恶毒。

——《泰晤士报》

狡猾而又富消遣性……在许多有关社会生活的指南中，福塞尔先生的书显然是最全面的一本，同时也是最机智的书之一……在观察美国人的行为举止、习俗和文化品味方面，他的目光犀利得令人畏惧。

——《纽约时报》

衣食住，农业化；衣食住行，工业化；衣食住行信，信息化。

——周有光（106岁学人）

用某人的行为举止来判断这个人的社会地位，即认为处在同一社会地位的人有相同的行为举止，这样的看法是有争议的。然而，这本书在美国是成功的。它在美国为什么成功？只有对美国社会生活有深刻体验的人，对美国文化传统十分熟悉的人，才能够深得其中的三昧。因此，读这本书可以得知美国人对行为举止的价值判断。

——杨继绳，新华社高级记者、《中国当代社会阶层分析》作者

等级是什么？为什么约翰・肯尼迪在电视上看到理查德・尼克松时一脸吃惊地冲他的朋友说："这家伙一点没档次"？

等级是刻意忽视也无法否认的现实存在，不仅体现在容貌、衣着、职业、住房、餐桌举止、休闲方式、谈吐上，也不仅仅是有多少钱或者能挣多少钱。等级是一系列细微事物的组合，很难说清楚，但正是这些细微的品质确立了你在这个世界上的位置。评判等级的标准绝非只有财富一项，风范、品味和认知水平同样重要。

作者通过独特的视角、敏锐的观察、鞭辟入里的分析、机智幽默的文笔，将美国社会中的社会等级现象描绘得淋漓尽致，对三六九等人的品味作了细致入微的对比，引人发笑又富于启发性。书中对美国社会的诸多描述无不折射出当下中国的众生百态，因此本书也可作为观察中国社会的一面明镜。

真正的格调超然于等级之外